审美经济时代的
文化产业理论研究

周晓健 —— 著

復旦大學 出版社

目录

前言 ·· 1

第一章　文化产业理论概述 ························ 1
第一节　文化产业理论历史回溯 ·············· 2
一、国外研究 ······································ 2
二、国内研究 ······································ 4
第二节　文化产业理论研究现状 ·············· 5
一、基础理论 ······································ 5
二、相关理论 ······································ 9

第二章　审美经济概述 ································ 13
第一节　审美经济研究综述 ···················· 14
第二节　美学与经济学 ···························· 18
一、美学领域的经济因素渗透 ············ 19
二、经济领域的美学因素渗透 ············ 20
三、美学与经济学的融合 ···················· 23
第三节　审美经济 ···································· 26
一、审美经济之"审美" ···················· 29
二、审美经济的内在动因 ···················· 31
第四节　审美经济出现的条件 ·················· 32
一、消费社会的兴起 ···························· 32
二、快乐原则的观念 ···························· 33
三、阶级社会的终结 ···························· 35

第五节　大审美经济时代的到来 …………………… 36

第三章　文化产业的美学理论路径 …………………… 39
　第一节　现代美学理论的实用主义转向 ……………… 40
　　一、康德美学的"审美无利害"原则 ………………… 40
　　二、艺术自律性 ………………………………………… 44
　　三、实用主义美学 ……………………………………… 47
　第二节　美与艺术向日常生活的回归 ………………… 53
　　一、美学边界的扩张 …………………………………… 53
　　二、艺术的终结 ………………………………………… 54
　　三、日常生活审美化 …………………………………… 56
　第三节　大众文化的兴起 ……………………………… 60
　　一、复制技术与传播媒介 ……………………………… 60
　　二、市民社会：文化现代性的生成场域 ……………… 62
　　三、大众文化与文化工业 ……………………………… 63
　第四节　消费社会的商品美学 ………………………… 67
　　一、符号化与景观呈现 ………………………………… 68
　　二、享乐与幸福 ………………………………………… 70
　　三、消费主义与消费文化 ……………………………… 71

第四章　文化产业的经济学理论路径 …………………… 75
　第一节　西方经济学价值理论的演进 ………………… 76
　　一、功利主义与经济价值 ……………………………… 76
　　二、劳动价值论中的使用价值与交换价值 …………… 78
　　三、边际效用价值论 …………………………………… 81
　　四、多元的价值论与审美价值 ………………………… 83
　第二节　经济行为中的理性与非理性 ………………… 85
　　一、"理性经济人"假设 ………………………………… 86
　　二、经济学中的人文关怀 ……………………………… 88
　　三、理性选择与感性体验 ……………………………… 91
　　四、回到边沁，超越边沁 ……………………………… 94

第三节　文化的生产与消费 …… 96
一、从福特制到后福特制的生产方式 …… 96
二、奢侈与炫耀性消费 …… 99
三、消费中的需求与欲望 …… 102

第五章　文化产业与审美经济的理论渊源 …… 105
第一节　审美现代性中的文化产业 …… 106
一、现代与后现代理论 …… 106
二、审美现代性与工具理性的抗衡 …… 109
三、从文化工业到文化产业 …… 113
第二节　文化产业对审美主体的重建 …… 116
一、人的主体性 …… 116
二、个体审美意识的重建 …… 119
第三节　文化产业的审美价值基础 …… 122
一、品味的选择 …… 122
二、精神消费与体验 …… 124
三、审美价值与幸福感 …… 125

第六章　审美经济时代中国文化产业的发展契机 …… 127
第一节　全球化背景下中国文化产业的审美选择 …… 128
一、基于文化自信的文化产业创新 …… 128
二、文化软实力与文化产业"走出去" …… 130
第二节　中国经济新常态中的文化产业 …… 133
第三节　文化产业提升国民幸福指数 …… 135
一、国民幸福指数 …… 135
二、文化产业的以人为本 …… 139

结论 …… 141

参考文献 …… 145

后记 …… 153

前言

随着经济的逐步发展，我国的社会物质生产已经比较发达，从属于第三产业的娱乐、休闲、旅游、影视等文化类行业在国民经济结构中所占的比重也逐年增加，社会经济结构正从价值链的低端向价值链的高端转型，文化产业将成为我国经济发展的主要动力和创新源泉，这些基于物质生产之上的精神性、情感性消费，迫切地需要一种新的理论支撑。文化产业理论研究是随着文化产业实践的开展而逐步发展起来的课题。在文化产业急剧扩张的现实情势下，它的发展不仅需要在实践上不断地探索，在理论上也需要获得支撑。文化产业理论研究具有复杂性的特点，这一复杂性主要来自文化产业本身定义上的难度——文化产业所涉及的文化与经济两个维度在观念史上存在互斥，在当下现实中又呈现出极大的学科交叉性。笔者认为，"文化"与"产业"绝非只是文字上的简单结合，而好比是一块磁铁上的正负两极，互为一体又无法分割。环绕其中的"磁场"，便是由"文化"与"产业"相互作用产生的一系列错综复杂的概念与关系，如在"文化"一端的美学、创意、娱乐等相近范畴，与"产业"一端的经济、生产、消费等范畴形成一些新的结合，如"娱乐经济""休闲产业""情感消费""创意产业"等。这些概念及其之间盘根错节的关系导致学者们习惯于从各自不同的立场出发，以各自擅长的理论方法为切入口进行解读，由此形成了一个跨学科、多层次的文化产业研究领域。在文化产业基础理论研究方面，目前有一种研究偏向，即偏重文化理论研究而忽视产业方向的经济理论研究。经济理论是文化产业理论的实践理论部分，文化经济学、创意经济、创意设计、审美经济等是形成文化产业理论的重要领域，但是经济学领域的学者较少关注文化产业，偏重文化创意的文化产业领域的学者则较少关注经济问题，从而导致经济方面的文化产业理论研究成果相对偏少。鉴于此，本书拟从美学与经济学的不同视角进行文化产业研究，以期提出审美因素与经济因素相融合的、系统化的文化产业理论。

在审美经济时代，经济审美化的程度与经济发达的程度往往成正比。不同国家、不同区域的经济审美化现状不会相同。研究国外的经济审美化,目的是为我国的经济审美化提供借鉴。文化产业若要取得长足的发展,势必要了解审美经济的理念,顺应审美经济的趋势。在新的趋势下,对文化产业理论来说,当务之急并不是去证明它有持续生产的发展动力,因为实践表明这是不证自明的事实;也不是去刻意强调它还存在理论上的缺点,如没能区分大众文化和流行文化,消费社会对人的欲望的过度开发等。文化产业理论应该研究在新时代的新趋势下,中国文化产业理论如何适应新的条件,在全球化的背景以及国内经济新常态等变化与转型中,为文化产业的实践提供理论指导。

本书的研究思路

以往对文化产业的研究,在从文化方面进行考察时,通常强调的是产业的、经济的逻辑对文化与审美的影响,而对文化产业的文化的、审美的逻辑研究得不够充分。在当前审美经济时代,产业的、经济的逻辑与文化的、审美的逻辑都已经渗透到社会生活中,文化产业中经济逻辑与审美逻辑的交互现象越来越明显。基于这种状况,本书将文化产业理论置于审美经济的时代背景中,分别从美学与经济学两条路径出发,对文化产业的美学特性、经济特性以及文化产业与审美经济的理论渊源进行归纳与分析,以深化对审美经济和文化产业理论的认识。但美学与经济学都不仅仅是一个线性的发展过程,本书仅从与文化产业、审美经济相关的角度对美学与经济学的发展路径进行选择与梳理。

具体说来,本书的逻辑主线是:对文化产业理论的美学路径研究以康德提出的"审美无利害"(也被译为"审美无功利")原则为起点。"利害性"与"功利主义"最初都是伦理学词汇,常指某一事物对其他事物的有用性。Interestedness("利害性")的词根是 interest,除了"兴趣""爱好",还有"利害关系""利益"的意思。Utilitarianism("功利主义")的原形 utility 有"功用""效用""实用"的意思,词根 utile 有"有用的""有助益的"的意思。可见,"利害"与"功利"的词义本源都与"利益""用处"相联系,表示某一事物对于其他事物的有用性。"审美无利害"(aesthetic disinterestedness)也被称为"审美非功利主义"(aesthetic non-utilitarianism),与"审美功利主义"(aesthetic utilitarianism）相伴而生，"审美无利害"除了表示主体在审美过程中对客体没有欲求和目的，也表示审美经验本身的无功利性。本书认为，"功利"一词在今天的社会生活中已经被从不同的立场出发运用于不同的领域中，把"效用主义"（utilitarianism）翻译成"功利主义"，往往既指物质方面的需要，也扩大到精神领域的需求。其实，当今社会这种对"功利"一词含义的扩大化以及过度使用是背离词义初衷的，在美学领域内尤其如此。这是因为，康德所说的"审美无利害"是建立在审美作为一种精神性需求与人们的物质生活需要之间的本质区别之上的，而"审美的超功利性"更是强调审美作为一种满足人们精神层面的需求，已经超越了物质生活的需要。如果我们在美学领域中以扩大化的方式运用"功利"概念，把那些在精神领域中对人们"有效益"的事物也过于宽泛地理解为"功利"，那么，康德的"审美无关于利害"的论述，尤其是美学理论中的"审美超功利"的观点就不能成立了。因为，审美活动在满足人们的各种精神需求方面无疑具有巨大的"效益"，如使人们产生审美愉悦，提高人们的审美修养，通过审美的途径对人们进行科学、道德、政治等方面的教育等，并且永远也不可能"无关于"或"超越于"这些"效益"。

本书对经济学路径的研究以亚当·斯密的价值理论为起点。从经济学价值理论的发展来看，斯密的继承者李嘉图深受边沁的功利主义思想的影响。审美上的"功利"与经济上的"功利"有着本质的区别，但在思想背景上也有着千丝万缕的联系。审美与经济都以"功利"为起点，正说明在文化产业理论中美学与经济学是有着深远联系的，这也印证了文化产业理论与审美经济理论的渊源。需要说明的是，"功利主义"虽然有"功利"二字，但这种学说的主要特征是强调追求人类生活中的各种效益和福祉是人类行为的基础。"功利主义"强调的"功利"主要是指广义上的利益（效益），其中既包括物质方面的利益，也包括精神文化方面的利益，即穆勒所谓的"较高级的幸福"。

单从本书选取的美学理论路径来看，自康德之后，美学先是走上了与日常生活脱离的独立的道路，在艺术上表现为雅俗艺术的对立与"艺术自律性"。然而这种过度的分离与对立，引发了实用主义美学的转向，从而将美学从不食人间烟火的纯粹精神领域带回日常生活，美学的边界开始扩展，出现"日常生活审美化"现象。另外，大众文化与"文化工业"的兴起以及消费社会的形成为文化产业的正式出现做了铺垫和准备。这条路径可以看作美学理论的审美现代性过程。

从经济学的发展中也可以看到现代性的主线。18世纪亚当·斯密的《国富论》是经济学的开山之作，正是由于这个时代从神性向世俗性转化的现代启蒙解除了对人类欲望的束缚，大规模的以谋利为直接目标的社会经济实践活动才得以顺畅开展，随后的国民经济理论才能破土而出。价值理论是经济学理论的基础，从亚当·斯密创立经济学，到劳动价值论的形成，到边际效用革命将经济学划分为古典经济学与新古典经济学，再到卡尼曼提出"回到边沁"的效用价值，主张经济学价值论由马歇尔的效用向边沁的价值回归与复位，是经济学发展的现代性与现代性重构的线索。现代性的一个重要特征是将人置于世界的中心，人成为认知活动与实践活动的"主体"。人的主体性问题或者说人的主体命运问题是对人的生命价值、意义、自由的追求。在这一过程中，经济学理论从"理性人"假设这一对人的抽象，逐步发展为在对人的经济行为进行解释时将之还原为每一个个体的决策，以至于即便是宏观层面的、整体的国家经济政策，也需要寻求个体性的微观基础。

文化产业理论也需要从微观的个人层面进行建构。结合审美经济理论中幸福与快乐的效用价值理论，我们可以得出这样的结论：文化产业的发展既要有宏观层面的国家战略意义与经济政策意义，也要在文化产业的发展过程中建立以人为本的审美经济幸福观。

概言之，本书的架构如下：

第一章，梳理目前国内外有关文化产业理论的相关研究，介绍选题的背景与研究主题等内容。

第二章，概述审美经济的理论内容和大审美经济的时代背景。审美活动与经济活动分属两个不同的领域，经济活动以满足人的物质需求为目的，具有功利性；审美活动以满足人的精神需求为目的，具有超功利性。然而，经济活动与审美活动并不是相互隔绝、互不相融的，而是相伴相生、相互影响的两个领域。审美经济就是沟通美学与经济学之间的纽带与桥梁，其目的是协调人的物质生活世界与精神生活世界，使人们的生活在具有一定的物质保障的基础上，超越世俗的功利性，最终实现人的全面发展与自由的本质。

第三章，康德在1790年发表《判断力批判》，康德美学被认为是现代美学理论的起点，美学自此从其他学科分立出来拥有了自己的领域，并与日常生活逐渐脱离，艺术由此走上自律的道路。但艺术自律性的极端发展，引发了实用主义美学的转向。实用主义美学扩展了美学的边界，美与艺术开始向日常生活回归，大众文化与文化工业的兴起以及其后消费社会的形成，最终推动文化与美学走向新的形式。

第四章，亚当·斯密1776年发表的《国富论》被认为是现代经济学的开山之作。价值论是经济学的基石，经历了从劳动价值论、边际效用价值论到包括审美经济幸福效用价值的多元价值论的演变过程。"理性经济人"假设曾是经济学理论的逻辑支撑点，但在经济学理论的演进过程中，经济学理论的逻辑前设也在不断变化，经历了理性、部分理性、非理性的理论发展阶段，感性人文因素包括审美因素在经济学理论中逐渐得到重视，卡尼曼因对心理学和行为经济学的研究而获得2002年诺贝尔经济学奖就足以说明作为经济学理论基础的逻辑前设已发生重大的转变。

第五章，通过第三章和第四章的理论梳理，从文化产业出现与形成的两条路径来看，可以分析出以下几条文化产业与审美经济的理论渊源：（1）文化产业形成于社会的现代化与工业化进程中，与审美现代性有着复杂关联；（2）主体理性原则是现代性理论的重要表现之一，但在现代性的发展过程中，理性主体的预设也面临着越来越多的困境，因此，处于审美经济大背景中的文化产业要进一步发展，就必须重建审美主体意识；（3）审美主体意识得到重构后，作为主体的个人对真正意义上的幸福与快乐的价值追求是审美经济的价值基础。

第六章，在分析文化产业与审美经济的理论渊源之后，对中国文化产业当下的实践提出顺应趋势与变化的理论选择与政策建议。一是在全球化视角下提出基于文化自信的文化产业发展的审美选择。中国在发展文化产业的过程中,在看到巨大的经济效益的同时,也要注意文化价值与文化的影响力。二是在国家层面提出中国经济新常态与供给侧结构性改革中文化产业的转型与升级。审美经济将影响文化产业的行业决策转向审美型产业,如娱乐业、休闲业、影视业、游戏业、动漫业等;也将影响作为市场主体的企业的经济决策从市场价格上的决策战略转向追求高端价值的体验经济,以消费者为本。三是在人的微观层面提出文化产业"以人为本"的核心与对提升国民幸福指数的作用,指出应从片面追求GDP过渡到追求包括审美特征在内的国民幸福总值。

本书的创新点

国内外学者对审美经济的重要性有一定的共识,但讨论仍然不够深入,经济学界响应不多。坚守古典经济学的学者认为,只有生产经久耐用的商品才是"真正的"经济活动,文化经济、审美经济被排斥在正统的经济学研究范围之外。审美经济时代经济形态的变化,已使经济学理论发生转变,在当下社会,人们越来越从文化上关注心理需求与精神现象,这也正是文化产业存在和迅猛发展的基础与前提。我国的文化产业理论研究一直偏重宏观层面的研究,在从人性本身的微观层面切入,以点带面、深入分析,形成有针对性的理论与方法方面,缺乏相应成果。

文化产业具有跨学科的、综合的性质,有赖于美学、经济学、社会学、心理学等众多学科的交叉与融合。随着各学科自身的发展以及学科之间的融合,跨学科的方法将成为包括文化产业在内的很多学科的研究方式。在文化产业领域,目前对审美经济的分析仍缺乏理论深度,这将导致对文化产业领域内审美经济的分析流于表面,影响对审美经济现象作出合理的分析与判断。我们认为,从微观层面分析文化产业出现以及发展的深层的人性基础,将有利于明确文化产业发展的方向。

本书的创新点可以归纳为:

一、以"审美无利害"原则和经济学的功利主义思想为起点对美学与经济学的形成与演变进行分析,从中梳理出两门学科的渊源及其在现代性形成与转变中的发展路径。

二、美学与经济学在现代性形成与转变过程中的发展路径都指向审美与经济的融合，这一融合过程是20世纪文化产业形成和发展的基础，从中也可以看出，审美经济与文化产业紧密相关。

三、通过分析文化产业和审美经济的理论渊源，从审美现代性、审美主体意识的重建以及以幸福效用作为审美价值的追求出发，提出作者对文化产业理论的见解与主张。

第一章

文化产业理论概述

第一节　文化产业理论历史回溯

一、国外研究

文化产业作为一个概念，是在对"文化工业"的批判中获得的，在此基础上形成了各学派的理论体系与丰富的研究成果。回溯历史，"文化工业"这一概念是由本雅明首先使用的，但这一概念为大众所熟知，则源于法兰克福学派对"大众文化"的批判。1947年，霍克海默和阿多诺（又译阿道尔诺、阿多尔诺）出版《启蒙辩证法——哲学断片》[①]一书，其中的"文化工业：作为大众欺骗的启蒙"一章主要由阿多诺执笔。在这一章中，阿多诺用"文化工业"（culture industry）一词取代了在写作中原本使用的"大众文化"一词，意在对资本主义社会中通过工业化的技术手段大规模批量复制、传播和消费文化产品的现象进行批判。对这一现象，本雅明早在1926年发表的《机械复制时代的艺术》[②]中就有描述。本雅明预言了新的文化观念：工业化的生产方式引进了新的技术，带动了城市的崛起，文化和艺术通过照片、拷贝、唱片等媒介可以实现批量复制，因此就有了"文化工业"一词的出现。但与本雅明不同，在阿多诺和霍克海默那里，"文化工业"一词明显具有强烈的批判性和否定性意味。

澳大利亚昆士兰技术大学创意产业研究和应用中心主任斯图亚特·坎宁安将文化产业概念的发展分为四个阶段：20世纪30年代的否定观点；20世纪70—80年代重新用"文化"来定义的商业产业；实用艺

---

① 马克斯·霍克海默、西奥多·阿道尔诺：《启蒙辩证法——哲学断片》，渠敬东、曹卫东译，上海人民出版社，2006年。
② 瓦尔特·本雅明：《机械复制时代的艺术：在文化工业时代哀悼"灵光"消逝》，李伟、郭东编译，重庆出版社，2006年。

术实践(如城市重建);新古典主义经济学对艺术的应用①。对文化产业最初的否定性批判来自 20 世纪 30—40 年代的法兰克福学派。其后,在 20 世纪 70—80 年代,这种批判性的否定发生了转向,在英国主要体现为寻求用文化来重新定义旧有的商业产业,并在撒切尔时期以实用艺术的实践和集聚战略来促进城市的复兴。"在撒切尔时期工党分子与社会主义者改组的情况下,前者把产业置于文化的指导下,后者把文化置于产业的指导下。"② 双方学术上的争论在随后一个时期里尘埃落定,新古典主义经济模式开始应用于受到经济资助的艺术。从坎宁安的划分来看,在第二个阶段,文化产业就脱掉了否定性的学术争论外衣,开始成为经济政策的工具。从第一阶段法兰克福学派的否定观点,到第二阶段用文化来定义产业内容,这期间对文化产业的基本立场发生重大转向,与伯明翰学派的大众文化理论研究有密切关系。英国伯明翰学派诞生于 1964 年成立的伯明翰大学文化研究中心,代表人物有雷蒙德·威廉姆斯、斯图亚特·霍尔、特里·伊格尔顿、费斯克等。该学派主要是从文化的视角研究文化产业,在延续法兰克福学派的思路对文化产品中的文化内容进行意识形态分析的同时,对"文化工业"进行了重新定位,也关注文化符号意义的生产与传播。伯明翰学派还关注了文化产业的经济属性,将对文化产业的研究从单纯的文化语境带入经济语境之中,在文化与经济的关系中研究文化产业。

文化产业概念有特定的历史语境,也在社会环境的变迁中得到不断发展与完善。20 世纪 70 年代,法国传播政治经济学者贝尔纳·米耶热推动了理论关注点从"文化工业"向"文化产业"(cultural industries)的转移。1978 年,米耶热带领的研究小组出版了《资本主义与文化产业》③ 一书,认为不存在阿多诺提出的单数意义上的文化工业。他们从产业架构、技术性与非技术性劳工的需求之间的关系、文

---

① 斯图亚特·坎宁安:《从文化产业到创意产业:理论、产业和政策的涵义》,林拓等主编:《世界文化产业发展前沿报告(2003—2004)》,社会科学文献出版社,2004 年,第 138 页。
② 斯图亚特·坎宁安:《从文化产业到创意产业:理论、产业和政策的涵义》,林拓等主编:《世界文化产业发展前沿报告(2003—2004)》,第 138 页。
③ Armel Huet, Jacques Ion, Alain Lefebvre, Bernard Miège, René Péron, *Capitalisme et Industries Culturelles*, 1 ère edition, PUG, 1978.

化产品的形态等角度出发，用"cultural industries"取代了"cultural industry"。西方学界逐渐将关注点从文化工业转移到文化产业，文化产业作为专有名词自此正式与文化工业脱离。在现代社会，文化已经不是统治阶级能够操控的了，文化产业是各类文化发展下去的基本形式，即使是高雅文化也需要在产业化的运作下才能得到传播，如今大众文化多样而复杂的局面已经超出了阿多诺的文化工业理论体系。随着经济全球化，学界对文化产业的研究从偏重文化方面的理论转向对产业现实功能的界定，文化产业正式成为学术理论界的研究对象，其产业实践意义也被各国所重视，逐步成为各国的重要发展战略。

二、国内研究

文化产业最初进入我国学术界的研究视野也与大众文化相关。20世纪80—90年代，中国人文学者在对西方马克思主义理论产生兴趣的同时，法兰克福学派的理论便在学界传播开来，"文化工业"引起了学者们对大众文化的反思。90年代曾有对"文化工业"问题的激烈学术探讨，我国学者对大众文化和文化产业存在着支持和抨击两种截然不同的态度。随着大众文化和文化产业的蓬勃发展，社会的商业化与文化的市场化亦步亦趋，我国学界对"文化工业"也有了更深入的认识，意识到法兰克福学派对"文化工业"的批判有其历史语境，不能完全等同于我国当前市场经济的现实语境，因而在研究法兰克福学派理论的基础上，也开始接触并接受英国伯明翰学派的观点。学界曾经存在的对文化产业的抨击和批判发生了转变，不再对其进行简单的、非黑即白的立场"站队"，而是把文化产业与经济、社会和文化等现实语境联系起来看待。

从时间上看，国内的文化产业研究早在1994年便有王玉印和郑晓华主编的《文化产业学》[①]，该书以文化生产、文化产品、文化市场、文化消费、文化投资等为对象，研究文化产业学这门在20世纪90年代新兴的学科。较早专门研究文化产业的著作还有花建的《产业界面上

---

① 王玉印、郑晓华主编：《文化产业学》，中原农民出版社，1994年。

的文化之舞》①和柯可主编的《文化产业论》②。前者在考察分析大量的文化产业实例的基础上,主要关注文化产业在当代的具体实践,对文化产业的发展前景做了论述。后者则更为全面、系统地阐释分析了文化产业的性质、社会功能、发展规律、动力机制等问题,并对国内外的文化产业理论成果作了较为细致的考察,具有较强的理论性和实践性。单世联在《现代性与文化工业》③一书中,梳理了西方文化产业理论的发展脉络,并分析了文化与工业经济之间的内在关联。近些年来,随着我国将文化产业的发展提升到国家战略的高度,学术界更多地从不同视角对文化产业进行理论研究,在此不再一一赘述。

我国的文化产业基础理论研究主要有两个方向:一个是以西方的文化研究方面的理论为根基,从文化工业、审美理论拓展到文化产业,遵循着德国法兰克福学派和英国伯明翰学派对文化工业与大众文化的批判与反思的路径,以及关于大众文化消费理论的演变与嬗变过程,从否定性的文化工业转向中性的文化产业,从社会文化理论进入文化产业的理论研究。另一个是从译介国外文化产业理论文献入手,在加以吸收消化的基础上展开我国的文化产业基础理论研究。我国学者最初引入的是英国、美国、澳大利亚等国的文化产业与创意经济的理论研究成果,如赫斯蒙德夫的《文化产业》、霍金斯的《创意经济》、佛罗里达的《创意阶层的崛起》、思罗斯比的《经济学与文化》、凯夫斯的《创意产业经济学》、哈特利的《创意产业读本》等。

第二节 文化产业理论研究现状

一、基础理论

在国内学术界,通常使用"文化工业"对译 cultural industry,使用

---

① 花建:《产业界面上的文化之舞》,上海人民出版社,2002年。
② 柯可主编:《文化产业论》,广东经济出版社,2001年。
③ 单世联:《现代性与文化工业》,广东人民出版社,2001年。

"文化产业"对译 cultural industries,但并没有作正式的严格界定,也有将 cultural industry 译为"文化产业"的情况。文化内涵的丰富性导致文化产业在发展过程中衍生出诸多的近义词,因此,文化产业在不同意义上也被称为或者引申为"文化工业"、"文化产业"、"内容产业"(content industries)、"版权产业"(copyright industries)、"创意产业"(creative industries),也有人称为"意识产业"(consciousness industry)、"思想产业"(mind industry)等,这些或宽泛或狭义的称谓充分反映了文化产业概念本身的丰富性和不确定性。在国际领域,对文化产业概念的界定也是众说纷纭,至今未有一个统一而严谨的定义。联合国教科文组织对于文化产业的定义是:"按照工业标准,生产、再生产、储存以及分配文化产品和服务的一系列活动。"[①] 但因为文化产业是一个实践性很强的领域,各国政府和组织也都基于国家战略、文化政策、地域特征等方面的差异,从各自的实际出发提出了不同的定义,并在不同的文化和历史背景中理解和使用这一概念。虽然各国官方和学界均认同"文化产业"这一概念具有多重含义,但通过对一些文化产业概念及定义的梳理(见表1.1),我们仍可以看出,尽管研究视角和方法有所不同,对文化产业的范围界定也有差异,但还是取得了一部分共识。

表1.1 文化产业概念及定义

提出者	定义
尼古拉斯·伽纳姆 (Nicolas Garnham) (1990)	文化产业指生产符号的机构,这种符号以文化产品和服务形式存在。这些机构的生产和组织模式与工业化的大企业的组织结构相似,以技术的手段生产和分销文化产品和文化服务。如报纸、期刊和书籍的出版部门,影像公司,音乐出版部门,商业性体育机构等
贾斯汀·奥康纳 (Justin O'Connor) (1999)	文化产业是以经营符号性商品为主的活动,这些商品的经济价值基本源自文化价值。文化产业包括广播、电视、出版、唱片、设计、建筑、新媒体等传统文化产业和传统艺术——视觉艺术、手工艺、剧院、音乐厅、音乐会、演出、博物馆和画廊

---

① 转引自孙安民:《文化产业理论与实践》,北京出版社,2005年,第8页。

续表

提出者	定 义
A. J. 斯科特 (A. J. Scott) (2000)	文化产业的商品产出带有很高的美学和符号内容,迎合了消费者娱乐、修饰、自发认同和社会表现等方面的需要,反映了现代资本主义文化生产愈发商品化的趋势,同时商品自身也愈发被授予象征的价值
戴维·思罗斯比 (David Throsby) (2001)	文化产业以创造性思想的发源地为核心,与以创造性思想和越来越多的其他投入相结合而生产更广泛的各类文化产品的方式向外延伸。文化产业的核心部分是传统意义上的艺术创作,即音乐、舞蹈、戏剧、文学、视觉艺术、工艺品,也可包括新兴的影视艺术表演、计算机与多媒体艺术等。围绕这一核心的是那些既具有上述文化产业的特征也生产其他非文化性商品与服务的行业,可以称为初级文化产品与服务,它们的层次低于核心的文化产业。但二者之间缺乏明显的分界线,属于该领域的产业包括书籍与杂志出版、电视与无线广播、报纸与电影。处于这一同心圆最外围的则是那些本来运行在文化圈之外,但其他产品具有某些文化内容的行业,包括建筑、广告、观光等,上述三种产业只有在对文化产业采取广义的定义时,才可以成为文化产业的组成部分
托马斯·B. 劳伦斯 (Thomas B. Lawrence)(2002)	文化产品是其价值存在于表征意义的商品和服务,文化产品的消费是基于意义的解释,而不是出于解决实际问题的目的。文化产业由生产不同文化产品的企业组成,这些企业主要在符号领域内展开竞争,对文化产业包括的范围应当从消费而不是从生产的视角去理解
芮佳莉娜·罗马 (Rejelena Rome) (2002)	文化产业包括文化的产业化和产业的文化化双重含义,并采用金字塔模型总结文化产业概念的各个方面和涉及的范围。文化产业置于艺术、技术、经济三要素构成的整体环境中,每种要素都有可能作为主导力量出现
A. C. 普拉特 (A. C. Pratt) (2005)	文化产业是以文化为对象的生产活动,包括与文化产出相关的所有活动,即内容原创、生产投入、复制、交易等环节,可以理解为文化生产链、生产回路或生产网络
大卫·赫斯蒙德夫 (David Hesmondhalgh) (2007)	文化产业是制作文本的产业,文化制品充满了丰富的表征意涵,其艺术的、审美的、娱乐的价值要远远超过其功能价值,并将广告、广播、电影、音乐、印刷与电子出版等产业作为核心文化产业,因为它们均从事文本的产业化生产和传播

续 表

提出者	定　义
联合国教科文组织	文化产业是指包含创作、生产、销售"内容"的产业。从本质上讲，它们与文化相关而且是不可触摸的。文化产业也可以被称为创意产业，在经济学术语里，可以被称为朝阳产业，在技术领域里，被称为内容产业

其中，尼古拉斯·伽纳姆将经济学分析与文化理论紧密结合起来，为文化产业地位的恢复作出重大贡献。贾斯廷·奥康纳认为文化产业首先包括"传统的"文化和艺术，商品的文化价值创造出经济价值。艾伦·J. 斯科特认为，文化产业是指基于娱乐、教育和信息等目的的服务产出和基于消费者特殊嗜好、自我肯定和社会展示等目的的人造产品的集合。思罗斯比从文化产品和服务与其他商品相区别的三个特征（生产中包含创意、商品以一定程度的知识产权形式体现、传递符号意义）来定义文化商品，并以此定义为基础，用一个同心圆模型来界定文化产业。芮佳莉娜·罗马的金字塔模型从系统论的视角观察文化产业及其支撑要素，揭示了文化产业的内部复杂性。在金字塔的顶端是文化产业，金字塔的底部是由经济、技术和艺术组成的三角。普拉特提出的定义与以往对文化产业的定义只关注文化产出与文化产业领域范围的不同，该定义更关注文化生产的过程和环境以及文化生产价值链的实现，注意到文化的生产具有不同的制度形式。此定义的政策含义是，一刀切的文化产业战略可能是没有效率的，针对不同的文化生产形式，需要提出更加具体的文化产业政策。大卫·赫斯蒙德夫认为，文化产业通常指与社会意义的生产最直接相关的机构，主要指盈利公司，但也包括国家组织和非营利组织。

这些定义虽然在内容上有一些基本的理论共识，但较多的还是基于文化产业的领域范围来界定的，这也就导致了文化产业外延界定的复杂性。虽然不同的概念基于不同的观察视角，但还是有着较大的重叠性，常常可以相互替换使用。因此，本书对文化产业的概念不做过多纠缠，不择一而准，而是将不同的定义方式视为同类概念，统一作为文化产业概念处理。正如学界对于"什么是美"至今还没有一个统一的定义而不妨碍"美学"作为学科独立存在一样，虽然"文化产业"的定义还没有获得统一，但并不影响文化产业学科的形成。我们可以在对文化产业相关研究的不断丰富和深入的探索过程中，建立一个文化产业理论的研究框架。

就目前我国文化产业理论研究的现状来看，主要研究的问题和方向大致可以分为以下几类。一是对文化产业的性质与规律的研究。对文化产业性质的理解基本有两种态度：一种是强调文化属性，研究重心放在文化方面；一种是强调产业属性，研究重心放在产业方面。二是对文化产业进行宏观层面的战略、政策的研究。这一方向是从国家层面研究中国的或者横向对比其他国家的文化产业战略、文化产业政策等问题。三是关注具体行业和实践的文化产业应用理论，主要包括从娱乐、影视、动漫、旅游、休闲等行业角度研究有关文化产品的开发、生产和营销以及文化企业的管理和运作等内容，以期解决实际问题。随着文化产业实践的不断发展和文化产业理论的不断深入，对文化产业的认识也逐渐从表象上的简单判断发展到对实质问题的辩证分析。

二、相关理论

西方对文化产业理论的研究起源于法兰克福学派对大众文化进行批判的文化工业理论。霍克海默和阿多诺在1947年出版的《启蒙辩证法——哲学断片》中，以"文化工业：作为大众欺骗的启蒙"一章的篇幅批判"文化工业"，认为文化工业丧失了原本该有的高雅文化与艺术的本质，标准化、齐一化的生产方式消解了人的审美个性。文化工业标准化的生产模式导致了大众文化产品同质化、齐一化的现象，标准化的生产与标准化的产品抹杀了艺术创作的个性与创造性以及艺术欣赏的自主性与想象力，最终使文化成为统治阶级欺骗大众、控制大众的工具。文化工业批判理论的形成有其历史合理性，但是过分强调文化工业的"工业"属性，也使其轻视了其中的"文化"作用。就关注对象而言，文化工业批判理论力图破除的是工业社会的理性神话，它建立于当时德国和美国的社会历史背景中，的确有敏锐而深刻的洞察力，击中了大众文化的某些弊端。但不能忽视的是，批判理论的否定性思路也限制了观察的视野，对大众文化积极性的一面视而不见。不同于阿多诺对文化工业的强烈批判态度，本雅明在《机械复制时代的艺术》一书中对文化工业持积极的态度，认为大众文化对人类文化的发展具有历史意义。

继法兰克福学派之后，英国伯明翰学派更加辩证地看待大众文化与文化产业问题。雷蒙·威廉姆斯在《文化与社会（1780—1950）》① 一书中阐明，文化研究不应只对部分文化关注，而应当将整个文化生产纳入研究的视野。这表明伯明翰学派的文化研究向文化产业的研究前进了一大步。伯明翰学派后期的研究重点转向了对大众传媒的具体研究，斯图亚特·霍尔在对电视文本和传媒受众的研究中发现，大众对文化产品的消费过程并不是一个既定意义的简单接受过程，而是一个意义选择与重构的复杂过程，可以说这已经涉及对文化产业的消费领域的研究了。在《晚期资本主义的文化逻辑》② 一书中，詹姆逊（又译詹明信）提到，大众文化以其特有的经济力量和文化逻辑在我们的社会里不断扩张，大众文化的发展是实现人类自身全面发展必不可少的条件之一。因此可以得出结论，大众文化的产业化（发展文化产业）对人类社会的发展来说是必要的。约翰·费斯克在《理解大众文化》③ 中提出"两种经济"，其中，对"文化经济"作为区别于"金融经济"的特殊现象进行了经济学的解释，具体说明了文化的生产、消费及其价值的实现过程，并阐述了文化产业的基本特征。正是从费斯克起，越来越多的文化产业研究者开始关注文化以及文化的产业化的双重属性。

国外学界对文化产业从生产和消费角度进行具体分析的著作较多。

---

① Raymond Williams, *Culture and Society* (1780 -1950), Chatto and Windus, 1958.
② 詹明信：《晚期资本主义的文化逻辑》，张旭东编，陈清侨等译，生活·读书·新知三联书店，1997年。
③ 约翰·费斯克：《理解大众文化》，王晓珏、宋伟杰译，中央编译出版社，2001年。

美国学者戴安娜·克兰 1992 年出版的《文化生产：媒体与都市艺术》[①] 一书，从生产和消费两个环节入手，对特定文化产业的运行机制、社会影响和效果作了观察和评述。属于伯明翰学派的特里·伊格尔顿认为，在后工业时代文化产业是一种制造业，艺术产品作为商品，它的生产方式主要取决于特定的生产技术，文化产业也在建构社会的经济基础[②]。大卫·赫斯蒙德夫的《文化产业》[③] 一书认为，文化产业是促进经济社会及文化变迁的机制，并结合各国文化产业的发展过程，系统地研究了文化产业的发展状况。随着文化产业实践的不断丰富，多数西方国家开始在国家层面关注文化产业，开始通过政策来影响和推动文化产业的发展，逐渐形成不同国家对文化产业的不同定义以及不同角度的研究。

本书对文化产业理论的研究选取了美学与经济学两条路径，因此所涉及的一些文献是与文化产业相关的美学与经济学理论。其中，消费既是一个经济过程，也是一个文化过程，对与美学、经济学相关的消费理论的研究，可以追溯到 19 世纪末 20 世纪初的凡勃伦、西美尔等人。凡勃伦在《有闲阶级论》[④] 中分析了"炫耀性消费"的社会和文化机制，被认为是制度经济学的开山鼻祖；西美尔考察了 20 世纪初新的消费模式与城市化、消费与社会时尚之间的关系[⑤]。20 世纪 40—50 年代，法兰克福学派提出了"虚假需求"和"消费异化"概念，为消费理论研究奠定了重要的基础，结合当时的历史语境，他们的观点表明商品化的力量正在社会文化领域渗透，主宰着人们的社会意识和行动。20 世纪 60—70 年代，鲍德里亚的一系列著作[⑥]对"消费社会"进行了系统研究，论述消费活动中存在的社会和文化意义，对包括美国在内的西方社会进行了详尽而深刻的剖析，向人们揭示了大型技术统治集

[①] 戴安娜·克兰:《文化生产：媒体与都市艺术》，赵国新译，译林出版社，2001 年。
[②] 特里·伊格尔顿:《审美意识形态》，王杰、傅德根、麦永雄译，广西师范大学出版社，2001 年。
[③] 大卫·赫斯蒙德夫:《文化产业》，张菲娜译，中国人民大学出版社，2007 年。
[④] 凡勃伦:《有闲阶级论：关于制度的经济研究》，甘平译，武汉大学出版社，2014 年。
[⑤] 西美尔:《货币哲学》，陈戎女等译，华夏出版社，2007 年。
[⑥] 让·鲍德里亚:《消费社会》，刘成富、全志钢译，南京大学出版社，2008 年。

团是如何引起不可遏制的消费欲望,并在此基础上对阶级社会里的各个阶层重新进行了划分。皮埃尔·布尔迪厄①提出消费是对社会身份的建构,认为消费文化打破了审美消费与日常消费之间的界限,并且处于不同社会阶层的人会有不同的习惯和品位,这种品位决定了他们对文化产品的消费取向和水平。丹尼尔·贝尔②考察了大众消费社会兴起的原因、特征及社会文化后果,将大众消费看作造成资本主义文化危机的某种经济上的影响因素。迈克·费瑟斯通在《消费文化与后现代主义》③一书中,从三种意义上论述日常生活的审美呈现表征了过去以艺术审美为典型代表的静态快感体验方式,已发展成为以日常生活为主要对象的动态投入与实践方式,审美、艺术已向日常生活大举进军。韦尔施的《重构美学》④和丹尼尔·贝尔的《资本主义文化矛盾》明确地指出,日常生活审美化是人的主体性发展过程所伴生的艺术行为。

---

① 皮埃尔·布尔迪厄:《区分:判断力的社会批判》,刘晖译,商务印书馆,2015年。
② 丹尼尔·贝尔:《资本主义文化矛盾》,赵一凡等译,生活·读书·新知三联书店,1989年。
③ 迈克·费瑟斯通:《消费文化与后现代主义》,刘精明译,译林出版社,2000年。
④ 沃尔夫冈·韦尔施:《重构美学》,陆扬、张岩冰译,上海译文出版社,2006年。

第二章

审美经济概述

第一节　审美经济研究综述

德国学者格尔诺特·伯梅 2001 年发表《审美经济批判》一文①，首先提出"审美经济"一词，并认为审美经济引入了马克思所说的使用价值与交换价值之外的第三种价值——"升级价值"（staging value，也有国内学者将之译为"审美价值"）。伯梅区分了需求（need）和欲望（desire），认为消费者对商品从需求到欲望的转变相应地造成了商品价值的升级，即在市场经济中，当人们的基本物质需要得到满足，关注点便不仅仅是商品的实用性，而是对商品的外观以及购买商品所得到的服务等方面都有越来越高的要求。审美经济区别于传统经济之处就在于更突出经济活动中的审美要素，为传统经济增加了新的内容，也就是消费者全新的体验和消费理由。《审美经济批判》标示出批判理论与审美经济时代的契合性。"审美经济"概念一经提出，很快就得到了广泛的使用和不断的丰富、发展。2003 年，大卫·罗伯兹发表《只有幻想是神圣的：从文化工业到审美经济》② 一文，表示在审美经济时代，商家出卖的不仅是物质产品，更应该是一种情调或氛围，一种具有梦想性质的东西。而且，这些具有梦想性质的东西，是与时代的科学技术联系在一起的。罗伯兹考察了 18 世纪以来与当代文化核心层面密切相关的两个进程：文化的审美化与商品化，一方面是从文化工业到审美经济的发展，物质生产在创造使用价值和交换价值的同时也创造了第三种价值，即审美价值。罗伯兹不完全赞同审美价值与使用价值、交换价值不相融的观点，但他认为"审美经济"这一概念较为深刻地反映了 18 世纪以来社会经济的变化。另一方面是从"世界图像的时代"

---

① 文章首发于 2001 年，原文为德文。本书主要参考 2003 年的英译文。Gernot Böhme, "Contribution to the critique of the aesthetic economy", *Thesis Eleven*, Vol. 73, 2003.

② David Roberts, "Illusion only is sacred: from the culture industry to the aesthetic economy", *Thesis Eleven*, Vol. 73, 2003.

到"文化主义",罗伯兹引述了海德格尔关于"世界图像的时代"的理论,把科学、机械技术、艺术审美、文化政治与生命的去神圣化五种现象联系起来考察,描述了从文化产业到审美经济的不同"世界图像"。罗伯兹对两种进程的思考表明,并不是说只有审美经济时代才创造审美价值,而是应该将审美经济作为"现代性的完成"的伴生物来思考。在《身份与文化产业:审美经济的文化构形》[①]一文中,基思·尼格斯转变视角,从审美经济的构形力量来研究文化产业和文化生产。他认为,各种社会文化及社会关系对以市场为导向的企业行为(包括企业的自我定位)同样有着重要的影响。

国内外学者对审美经济的研究,在关注点上有所不同。西方学者对审美经济的研究更注重经济的人性化方面,强调经济活动与审美体验的融合;国内学者则注重把审美经济作为整体进行研究,从不同的学科角度研究审美经济产生的多方面影响。"审美经济"一词在我国作为学术用语最早出现于20世纪80年代末,但是在当时并未引起学术界的广泛关注。张品良在《审美经济学引论》一文中提出:"审美经济学必须研究经济实践中的一切审美问题,包括审美与经济相互关系的历史演进规律,审美生产、交换、分配、消费的经济系统工程,审美与经济效益以及科学管理等问题,以求得经济与审美的双向统一。""审美经济学的任务是对经济领域内美的规律进行理论分析与概括,以求经济活动与审美的谐调统一,从而取得较佳的经济效益并美化人民生活。"[②] 其后,关于经济及其审美现象的研究引起许多学者关注。范正美从马克思主义实践观的角度阐明了经济美学的研究目的,认为美学对经济中生产活动规律的解释有着指导作用[③]。程恩富有关经济中美的研究特别强调经济学与"善"相关的价值美[④],这较之国外经济美学偏重研究数学美的局限,更接近对人性化方面的研究。李立男和朱成全

[①] Keith Negus, "Identities and industries: the cultural formation of aesthetic economies", *Cultural Economy*, 2002.
[②] 张品良:《审美经济学引论》,《社会科学家》1989年第6期。
[③] 范正美:《经济美学》,中国城市出版社,2004年。
[④] 程恩富:《文化经济学》,中国经济出版社,1993年。

的《经济美学研究》①一书,从广义和狭义定义了经济美学的概念,明确了经济美学的研究范围。该书认为,经济美学广义上是指研究经济活动(生产、消费、交换、分配)与经济学思想中的美的学科;狭义上仅指研究经济学思想中的美的学科,主要是研究经济学理论的形式、结构、语言、方法中的美,包括经济学的工具美和价值美。

国内对于审美经济的研究正式开始于 2004 年左右。《光明日报》2004 年 4 月发表河北大学张培英的《经济与审美的互动及人的全面发展》②一文。2005 年 5—6 月,《光明日报》连续刊登多篇论述审美经济与经济审美的相关文章,这一研究领域逐渐受到关注。2005 年 5 月,张宇、张坤发表《大审美经济正悄然兴起》,认为"大审美经济与以往一切经济形态不同,是一种多元主体互动、互益、互生的关系,即企业和客户之间呈现为一种互选择、互体验、互增值、互审美、共优存的关系,企业与企业之间呈现为一种竞争、协同、重组、赢利、共存的良性关系"③。同年 8 月,张宇、张坤又发表了《大审美经济催育人类文明新生》④一文。东南大学凌继尧教授认为,从 20 世纪 70 年代大审美经济的萌动开始,美学与经济学的关系日益密切,审美经济学的建立可以拓宽美学研究的领域,使美学与现实的结合更加密切。在参加"2005 国际工业设计教育研讨会"时,凌继尧教授作了题为"大审美经济形态中的艺术设计教育"的发言,就大审美经济是什么以及出现的原因是什么、艺术设计师在大审美经济中起到什么作用等问题作了深入的阐述。2005 年 11 月,凌继尧教授在接受访谈时正式提出审美经济学学科建构的设想,认为审美经济学"是一门美学与经济学相交叉、融合的学科"⑤。2007 年,浙江大学李思屈教授发表《审美经济与

---

① 李立男、朱成全:《经济美学研究》,东北财经大学出版社,2015 年。
② 张培英:《经济与审美的互动及人的全面发展》,《光明日报》2004 年 4 月 6 日。
③ 张宇、张坤:《大审美经济正悄然兴起》,《光明日报》2005 年 5 月 10 日。
④ 张宇、张坤:《大审美经济催育人类文明新生》,《郑州大学学报(哲学社会科学版)》2005 年第 6 期。
⑤ 季欣:《关于构建审美经济学的设想——凌继尧先生访谈录》,《东南大学学报(哲学社会科学版)》2006 年第 2 期。

文化创意产业的本质特征》①一文，在审美经济条件下对文化创意产业的本质特征进行再思考，描述了审美经济学的兴起与发展，并强调情感逻辑和自由表达是文化创意产业的本质特征。同年，李思屈、关萍萍在《论数字娱乐产业的审美经济特征》②一文中提出："将数字娱乐产业作为审美经济的特殊产业形态，并非一般意义上经济活动的审美化，而是其本身就是经济活动中审美因素的凸显。"2008年，北京大学教授叶朗表示，"文化创意产业是大审美经济"，"在这样一个体验经济的时代，这样一个大审美经济的时代，必然要求文化产业的大发展"③。"这样来认识文化产业才能把握它的时代特点，从而具有一种理论的高度。"④

随着大审美经济概念的提出，学者们在论证"审美经济"这一概念的合法性的同时，也在试图建构其理论框架。王旭晓在《现代消费审美化与美学在经济领域的作为》中认为："'审美经济'可以理解为由人的审美活动的展开所产生的经济活动与经济效应。"⑤凌继尧、季欣则在《审美经济学的研究对象和研究方法》中认为，审美经济学是"研究大工业生产条件下产品的生产、流通和消费这些经济现象中的美学问题"，并且指出审美经济学的研究对象是经济和审美现象之间的相互关系，要注重实证研究、对策研究和跨学科研究⑥。可以说，这两篇文章对审美经济学的定义代表了对这一问题研究的两个方向：一个是从主体审美角度出发研究其带来的经济效应，另一个是从经济生产活动本身出发研究其所蕴含的审美理论。

---

① 李思屈：《审美经济与文化创意产业的本质特征》，《西南民族大学学报（人文社科版）》2007年第8期。
② 李思屈、关萍萍：《论数字娱乐产业的审美经济特征》，《杭州师范学院学报（社会科学版）》2007年第5期。
③ 叶朗：《文化创意产业是大审美经济》，华夏文化资源云平台，http://www.gansucrcp.com.cn/content/rwzt/201001/08/content_332689.html。
④ 转引自范周、陈曼冬：《大审美经济时代的文化产业突破》，《中国艺术报》2011年7月11日。
⑤ 王旭晓：《现代消费审美化与美学在经济领域的作为》，《中华美学学会第七届全国美学大会会议论文集》，2009年10月。
⑥ 凌继尧、季欣：《审美经济学的研究对象和研究方法》，《东南大学学报（哲学社会科学版）》2008年第3期。

此外，我国对审美经济的研究大多集中于文化及相关产业的实践，诸如对审美经济背景下旅游产业的关注，大审美经济形态下的服装设计、中国传统戏曲发展，数字娱乐产业的审美经济特征，审美经济背景下传媒产业的新变动，等等。

从上述研究综述可以看出，自 21 世纪以来，审美经济及其相关概念在国内外得到了普遍的重视，但是还没有形成完备的体系和广泛的共识，国内的研究主要针对时下出现的一些产业现象进行总结和分析，对审美经济的理论分析还不够透彻，因此，很有必要对这一论题进行及时而深入的研究。

第二节　美学与经济学

意大利哲学家和美学家克罗齐于 1931 年撰文《两门世俗的科学：美学和经济学》，指出现代区分于中世纪最明显的标志是突出了"经济生活和艺术生活的所有形式"[①]，经济学与美学这两门几乎同时产生的学科有着内在的共同点：美学和经济学这两门学科要求的"是提出心灵的实证和创造性形式的尊严，是企图理论地表明或确定和整理那个在中世纪被称为感觉的东西，那个不被熟知、甚至否定和应驱逐的东西，那个现代所要求的东西"[②]，"感觉"是经济学与美学的共同着眼点。"由于'感觉'有着既相关而又有区分的双重意义，所以，它既勾画出认识中非逻辑和非理性，而只是感性和直觉的东西；又勾画出实践中自身非道德的和并非从义务中产生的，而只是人们意欲的，所以是喜爱的、有用的、快感的东西来。（而理论上的说明既涉及感性的逻辑或诗学的逻辑，纯粹直觉认识的科学或美学，又涉及更为广泛理解的经济学。这种理论上的说明，像人们所说的那样，正是理论和哲学的、作为生命之生命的、尘世爱欲和其所有形式的'肉体的归一'。）"[③] 按

[①] 克罗齐：《美学原理　美学纲要》，朱光潜译，外国文学出版社，1983 年，第 334 页。
[②] 同上书，第 338 页。
[③] 同上。

照这种理论划分，美学与经济学都是"纯粹直觉认识的科学"，经济学是广义的美学，美学也是广义的经济学。换句话说，经济学与美学都是以人的欲望为对象的"世俗科学"，作为以不同方式观照同一对象的学科，其内在的精神就有深层的一致性。经济学和美学是实现现代人物质生活与精神生活双重肯定与提升的"两门卓越的世俗科学"，克罗齐希望世人能够同他一样格外地关注这两门科学。

一、美学领域的经济因素渗透

审美与经济的分离经历了一个漫长的演进过程。人类的生产活动曾经长时期与审美活动连成一体。从发生学的角度看，经济活动是审美活动赖以发生的前提。人类通过劳动创造价值，首先是使用价值，然后创造了美。西方美学史上苏格拉底最早关注到审美和经济之间的联系，苏格拉底发现，一种胸甲比别人制造的卖的更昂贵，但是这种胸甲并没有比别人花更多的材料与成本，也并没有比别人造出来的胸甲更结实。苏格拉底认为，之所以卖的贵，是因为这种胸甲符合购买者的身材比例，即是美的，美的胸甲自然要比一般的胸甲昂贵[①]。可以说，苏格拉底所关注的就是商品中的审美因素，但在当时这对于经济审美化趋势来说还只是个别现象，虽然这种现象早在古希腊时期就出现了，但审美因素影响经济活动并形成普遍趋势还是在近现代大工业生产条件下出现的现象。

经济审美化为美学研究提供了大量生动、鲜活的材料。从某种意义上说，经济审美化是大规模的美学实验。费希纳于1871年出版的《实验美学》一书，开创了美学研究中一个特殊的流派——实验美学流派。虽然费希纳及其信徒从实验中得出的美学原则没有多少新意，但是他们的探索对审美知觉的实验心理学研究具有重要意义，这一流派的工作也在经济审美化中获得了巨大的现实性。

从根本上说，美学与经济都是人类的力量在社会活动中的外化成

[①] 色诺芬：《回忆苏格拉底》，郑伟威译，台海出版社，2016年。

果，其最终目的都指向人的生活改善与生存发展。相对说来，经济主要观照人的物质生活，审美则更为关注人的精神维度，两者之间的关系，正如人的物质与精神存在的关系，既彼此融合、互为一体，又各有其有效性的范围。然而，现代社会经济的加速发展强烈地助长了经济领域自我膨胀的欲望，这一原本服务于人的物质生活的范畴不但反过来控制了物质的人，而且日渐提出了接管包括审美在内的全部人类事务的要求。它表现为经济的逻辑向着人类美学领域的不断侵入和对于这一领域的持续加强的宰制，尤其表现为消费社会的持续商品化现象。在当代消费社会，实现经济的无限膨胀的运行要求，主要寄望于消费活动的无限循环。如果说审美的本意是使人摆脱世界和自我之"物性"的控制，促进人的生命的某种自由实现，那么消费社会则是聪敏地利用了这种"摆脱"和"自由"的理想，通过在消费的世界里制造审美的幻象，来有效地推进现代消费机器的持续运转。当然，这一消费现象在一定程度上也促进了美学与人的日常生活之间的联结，因而有其积极的意义。

二、经济领域的美学因素渗透

当人类文明处于前工业时期，小农经济以及手工业的发展不能使物质产品足够丰富，在基本的物质需求没有得到充分满足时，人们没有太多的闲暇与经济实力来考虑精神方面的审美需求。随着大工业文明的兴起，技术的革新使物质产品得到极大繁盛，与此同时，人们在精神文化方面对审美的需求也逐渐提高。沃尔夫冈·韦尔施指出，审美化已经成为一个全球性的首要策略。"现实中，越来越多的要素正在披上美学的外衣，现实作为一个整体，也愈益被我们视为一种美学的建构。"[①] 斯图亚特·霍尔认为，美学已经渗透到现代生产中，商品具有文化属性，并且这种文化属性不再像蛋糕上的酥皮一样，仅仅是商品的一种装饰，而是融入了商品内部。事实上，随着物质生活的高度

---

① 沃尔夫冈·韦尔施：《重构美学》，陆扬、张岩冰译，上海译文出版社，2006年，第3—4页。

发展，精神的享受、审美的追求在人类生活中所占的比重将会越来越大。我们已经迎来了经济审美化的时代，即体验经济的时代。它是人们对自己的生活环境和生活方式的一种自觉的审美追求。在本质上，它通过商品消费来产生感性体验与愉悦。

经济学把人类的各种欲望概括地表达为需求。从表面上看，这种欲望或需求直接指向物质产品及其实用功利，经济学的研究也仅仅与人们对财富的追求有直接的关系；但是，在更深的层次上，经济学的研究还应该与人们对财富以外的其他目标的追求有关。在经济的发展过程中，人的意识经历了由功利主义的物质需求到超功利的精神性审美需求的发展，美学精神在其中起到了催化的作用。"美学因此不再仅仅属于上层建筑，而且属于基础。"① 美学的观念使经济学中亚当·斯密所说的"经济人"与"道德人"的分裂以及功利性与人文性的分离逐渐趋于和谐统一。和谐经济观念和市场关系是通过人来实现与完成的，同时人也应是自由全面发展的人。马克思没有专门的美学理论著作，但关于美与审美的理论贯穿于他的哲学、经济学著作之中。《1844年经济学-哲学手稿》既是一部经济学-哲学著作，又是一部美学著作，曾为美学界广泛重视，其内在根由正在于马克思揭示了"人的情欲的本体论的本质"在经济生活中呈现出来的美学意义，它是马克思的"经济学-美学"。这种经济学与美学混合写作的风格，在后现代主义作家中普遍存在，如鲍德里亚的符号交换与象征交换理论、巴塔耶的普遍经济学和美学理论，显然与马克思有关。马克思认为，商品作为人类劳动产品存在的一种方式，是以对劳动的抽象为前提的，"而在实际交换中，这种抽象又必须物化，象征化，通过某个符号而实现"②。商品作为象征符号，就超出了纯经济学存在而具有了美学属性，因为它同样构造了一个"虚幻"的世界，消费商品的行为就有了生存论美学的意蕴。在"实物"的消费中体现着审美的和广义文化的欲求，使欲望在"消费"中"升华"，经济学的内核中就包含了美学。经济学家凡

---

① 沃尔夫冈·韦尔施：《重构美学》，陆扬、张岩冰译，第7—8页。
② 马克思：《经济学手稿（1857—1858年）》，《马克思恩格斯全集》第46卷（上），人民出版社，1980年，第88页。

勃伦在《有闲阶级论》中,对产生所有制的动机做出了泛美学的阐发,认为这应当归根于人们的竞赛动机,即博得荣誉的动机。这样就产生出了避开生产劳动的有闲和炫耀式的消费,而这种炫耀式的消费,实质上就是用物的象征来"替代性"地满足精神的需求①。由于炫耀在很多情况下都是超出自己的直接需要和直接享用,所以就有了马克思所说的超出粗陋感觉的意义。商品不再是简单的使用物与交换物,而被重新"附魅",具有了美学的灵光。经济发展到审美化阶段,经济行为追求的就是一种体验和心理满足,经济行为也正是这样被完全地"嵌入"整个社会文化背景之中。正是在这样的意义上,社会经济发展的最高策略是"经济的审美化策略"。人们的经济消费不再局限于购买生活必需品,也用于购买文化艺术的精神享受,购买审美体验的消费逐渐增多。当代的消费是"文化渗透的"消费,"现代消费文化特殊的风格特点源于美学知识在价值创造过程中日益增加的重要性"②。

詹伟雄在《美学的经济:台湾社会变迁的 60 个微型观察》一书中认为:"人类社会的经济生活,大致上可以分成四种演化的形态:脚的经济、手的经济、脑的经济和心的经济。"③ "脚的经济"指最原始的、要人们靠双脚来将"有用的物资"转移到人类社会里,提供人们的生活所需,比如渔、牧、狩猎、采矿这类的经济。"手的经济"指人可以用双手有计划地劳动、有粗浅分工的经济。相比"脚的经济"要看天吃饭,"手的经济"这个阶段商品的生产力大幅增加,人类的生活处境得到改善。但这仍然是前现代阶段,此时人们还不会有"经济增长"的愿望。在西方启蒙时代过后,自然科学以及康德理性哲学的演进,推动了工业革命、现代城市、企业组织的出现。人类以科技为工具,壮大了主宰自然的雄心,古典经济学建构了一套最佳化的生产与资源运用思维,有了"经济增长率"的概念。人类理性的大脑一方面催生着新技术的发明,一方面改良着组织分工、管理的知识和经验,开拓着新的市场,出现了"脑的经济"。"脑的经济"的典型就是工业化。

---

① 凡勃伦:《有闲阶级论:关于制度的经济研究》,甘平译,武汉大学出版社,2014年。
② 西莉亚·卢瑞:《消费文化》,张萍译,南京大学出版社,2003年,第75页。
③ 詹伟雄:《美学的经济:台湾社会变迁的 60 个微型观察》,中信出版社,2012年,第31页。

工厂作为一个集体的经济组织，整合起生产技术和管理知识，发挥出大量生产的能力。在第二次世界大战结束后，西方社会的工业化发展达到高峰。就人类一般的生存标准而言，当基本需求都被满足后，工厂的产能便会变得过剩、库存积压。于是，生产者便要想办法创造出消费者的"需求"，也就是刺激消费者购买原本没打算要买的商品的欲望，社会发展由此进入鲍德里亚意义上的消费社会，此时，便激发了"心的经济"的到来。

> 现代人在日常生活中进行这种"心的消费"的同时，也建构了"自我"，一方面，借着消费的商品，区分了自己和他人的不同（或相同），证明着自己是一个有个性的、独一无二的行动主体（或是一个不孤单的团体成员）；另一方面，通过检视自己消费过的商品，他可以反思这个"自我"的合宜性，修改自己接下来的生产、消费行动，使自己随时与变动社会保持亦步亦趋、相对恒定的本体安全感。①

詹伟雄所述的"心的经济"，其实就是一种审美经济。在审美经济中，人们通过日常生活的消费，相比从中获得商品的使用价值，更在乎的是通过消费实现对"自我"、对主体的建构。"就市场潜能而言，'脑的经济'是有限的，'效用'被满足后，需求就萎缩了，但'心的经济'是无限的"②，这也正是伯梅对审美经济形态中人们的需求与欲望的区分。

三、美学与经济学的融合

长期以来，美学对经济现实美的研究是忽视的，这有它的历史原因。从美学发展史来看，美学自产生的那一天起，就把研究对象仅仅指向精

---

① 詹伟雄：《美学的经济：台湾社会变迁的 60 个微型观察》，第 32 页。
② 同上。

神领域，满足于理论探讨，这就必然造成美学发展的局限性。Aesthetics（美学）这个由鲍姆嘉通创立的词，最初意为"感性学"，经济学在通常意义上被理解为"理性"的学科，可以说二者具有较强的互补性。在当前现代化的潮流中，在信息社会、体验经济等新形态的大背景下，感性的美学与理性的经济学的融合，在某种意义上可以说是一种必然。

克罗齐的《两门世俗的科学：美学和经济学》写于他的晚年，反观一生的学术生涯，他认为自己的精神生活从美学和经济学之中"得到思维明确之光的巨大裨益"。"说到底，这两门科学所要求的是什么呢？简短地说，是提出心灵的实证和创造性形式的尊严，是企图理论地表明或确定和整理那个在中世纪被称为感觉的东西，那个不被熟知、甚至否定和应驱逐的东西，那个现代所要求的东西。"① "感觉"是美学和经济学共同的着眼点。这里说的"感觉"，既勾画出"感性和直觉的东西"，又勾画出"人们意欲的、所以是喜爱的、有用的、快感的东西"，也正是美学和经济学要从理论上阐述、张扬的东西，是"作为生命之生命的尘世爱欲和其所有形式"②。进入现代社会，一方面，社会的物质财富日益丰富；另一方面，人们的精神生活日益匮乏，这促使克罗齐从哲学层面思考"感觉"与"心灵"的协调问题，他提出"感觉的心灵化"与"心灵的感觉化"，认为美学与经济学的共同使命是使现代人实现"感觉的心灵化"与"心灵的感觉化"，即感觉和心灵的"完整与和谐"。所谓"感觉的心灵化"，指现代人在物质生活水平提高的同时，也要有一种较高的精神境界，"健康的和内心的精神生活是必不可少的"③，避免成为物欲的奴隶。所谓"心灵的感觉化"，是指现代人的精神生活也要有一定的物质基础，"不再因其忍受的其存在和活动的某些本质部分的残缺而痛苦"④，不必成为现代的禁欲主义者。感觉与心灵是不可分割的，是相互交融的两个方面。经济学与美学建立在相同的根基上，建立在人的世俗欲求或曰"人欲"得到解放的历史事实上，

---

① 克罗齐：《美学原理 美学纲要》，朱光潜译，第338页。
② 同上。
③ 同上书，第339页。
④ 同上。

本身就表明了两者之间密切的关系。经济学假定资源稀缺,人的欲望趋向于满足的最大化,并以"实物"的方式来解决;而美学虽然指向的是相同的问题,即心灵的"无限"欲望如何满足,但给出的解决方式是以某种"实物"来营造"虚幻"的世界,用"虚幻"的世界来为心灵寻找"家园"。但是,只要经济学中的"实物"显示出超出其本身的意义与象征,指向某种"虚幻"的世界,经济学就能够成为美学。克罗齐寄希望于美学和经济学让现代人实现精神生活与物质生活的协调发展。

尽管有许多人一直对经济学理论与美学理论进行严格区分,然而,在后现代主义和马克思主义经典作家那里,美学与经济学常常是紧密连接在一起的,后来讲究学科区分的理论家们在引述其中的思想时,往往需要小心翼翼地把两者区别开来,让美学与经济学重归于鸡犬之声相闻、老死不相往来的境地。美学和经济学的分离,割裂了审美和经济领域、生活领域原本就十分密切的依存关系,无法促进审美实践生动性及多样性的展开,不能实现经济理论对审美行为的指导,在一定程度上形成审美理论贫乏和审美消费市场混乱的局面。从根本的意义上讲,经济与审美都是人的对象化活动,有着共同的逻辑起点,也有着内在的互渗、互动的过程。随着人类社会发展步伐的加快,当代审美活动和经济活动也不断向更广、更深的领域迈进,其互渗、互动的趋势越发明显,这是人类历史发展的必然。现代社会工业化进程的推进和市场经济的繁荣,使得文化艺术在人们的日常生活中日益得到重视,因此,从理论上反映经济生活和文化艺术生活的经济学和美学,就变得尤为重要了。

沃尔夫冈·韦尔施在《重构美学》中说:"日常生活的审美化,大都服务于经济的目的。一旦同美学联姻,甚至无人问津的商品也能销售出去,对于早已销得动的商品,销售量则是两倍或三倍地增加。"[①] 经济审美化以复归人性为导向,审美的日常生活化与经济的审美化,所指向的其实是同一个目标——人的感性幸福与快乐,这种内

---

① 沃尔夫冈·韦尔施:《重构美学》,陆扬、张岩冰译,第6页。

在的统一性,使两个学科之间的某些部分发生交融、渗透,完全是顺理成章的。

第三节 审美经济

"审美经济"一词早在20世纪90年代就已经在我国学术界出现,但当时并没有引起广泛的关注。上文已指出,正式的"审美经济"概念是由德国学者伯梅于2001年在《审美经济批判》一文中提出,认为审美经济是指引入了马克思所说的使用价值与交换价值的商品二重性之外的第三种价值的一种新经济,这个第三种价值就是审美价值。审美价值是一种超越了人类基本生存需求的新型价值,因而也被称为升级价值。正如阿尔文·托夫勒所说:"我们正由'肚皮'的经济转变为'心里'的经济,因为我们所需填饱的肚子并不是很大的。"[1] 人们的需求已由原来的基本生存需求转向了心理上的满足感与需求,进一步说,就是对快乐与幸福的追求。伯梅认为,审美价值的出现是因为资本主义的社会生产目标从满足人类的基本生存需求转向了对人的欲望进行发掘[2],在满足基本需求的基础上,进一步开发人的生命的广度和深度。

在其1995年出版的《氛围:论一种新美学》一书中,伯梅以新美学来指称因美学的"氛围"向着当代社会各个方面的蔓延和渗透而带来的美学自身面貌以及功能的一种内在变迁。但伯梅的研究最具独创性的地方并非在于他对上述美学新变现象的观察,而在于他对当代社会审美现象的经济维度以及经济现象的审美维度的哲学关注和探讨。伯梅在2002年的一次学术访谈中进一步强调,"我们得从根本上承认,今天西方经济已经在总体上依赖于审美的商品或价值。我们可以坦然地说,这一经济服务于生活的美化,说得更明白些,是服务于生活的

---

[1] 阿尔文·托夫勒:《未来的冲击》,蔡伸章译,中信出版社,2006年,第128页。
[2] Gernot Böhme, "Contribution to the critique of the aesthetic economy", *Thesis Eleven*, Vol. 73, 2003.

第二章 审美经济概述

提升";"在这个意义上,我认为,我们的经济已经如此高度地围绕着审美价值组织起来,以至于我们可以用审美经济这样的命名来指称它"①。伯梅还用审美经济的观念来研究技术的发展,认为存在着除了马克思所说的对自然进行占有式开发的功用性技术(useful technology)外,还存在着无物质功利的享受型技术(enjoyable technology)。享受型技术起源于人的好奇心,发展于皇家宫廷。它不是为了满足生产性需求,而是为了满足人的精神愉悦,它既不受行业的限制,也不受利润追求的约束,因此,它特别富于创造性。在审美经济条件下,享受型技术获得了极大的发展,而功用性技术一度拥有的主导地位开始下降②。

美国普林斯顿大学教授丹尼尔·卡尼曼于2002年获得诺贝尔经济学奖,他的研究成果揭示了审美经济的内在动因。此前的经济学理论一般认为,快乐和幸福很大程度上取决于是否物质富足,是否有钱;但是当生活水平达到一定程度后,人们发现,快乐和幸福的感受并不正比例地取决于是否富足。经济学原本的最终目标是实现人的幸福,因此,不能把效用,而应把快乐和幸福作为经济发展的根本目的。卡尼曼区分出两种效用,一种是主流经济学定义的效用,另一种是反映快乐和幸福的效用。卡尼曼将后者称为体验效用,把它作为新经济的价值基础。体验效用表现为人们对商品的消费不仅仅只体现在物质实体上,而更希望得到一种美的或是情感上的体验,包括产品的审美化和环境氛围的审美化。美好的生活应该是使人产生完整愉快体验的生活,卡尼曼主张回到快乐的源头来研究经济,而快乐和幸福正是审美经济的逻辑起点。可以说,当代经济学已从传统经济对物质的追求的关注转向了对人的内在精神需求的关注,这种转向被认为是经济学两百多年来最大的一次价值转向,是经济学向人性的回归。

审美经济的标志就是体验经济的出现。正如托夫勒所说,现代经

---

① K. Heid & R. John, "Transfer: Kunst Wirtschaft Wissenschaf", *Baden-Baden*, 2003, pp. 11 - 12.
② Gernot Böhme, "Technical gadgetry: technological development in the aesthetic economy", *Thesis Eleven*, Vol. 86, 2006.

济继服务业的繁荣之后，正在向体验经济迈进。为追求独特的消费体验，以及基于这种体验而带来的审美快感和诸如自我展示、身份认同等精神上的满足，消费者往往愿意支付远高于成本的价格。在审美经济形态中，消费者对于商品的需求，既有基于理性的功能性需求，也有基于时尚、身份、自我延伸等方面的情感需求。派恩和吉尔摩合著的《体验经济》一书使用了大量的经济数据对人类经济的发展过程及各阶段的特点进行了分析，他们也认为当代经济正在向体验经济转型，人们的消费需求不再是简单的物质需求，而是更高层次的精神需求与审美需求。

人格心理学家亚伯拉罕·马斯洛开创性地提出"需求层次"理论，将人的需求分为五个层次，而对文化产品的需求属于较高层次的审美需求，这种高层次的需求只有在较低层次（如吃、住）的需求得到满足之后才会出现。马斯洛主要感兴趣的是在物质丰裕的社会中，在几乎不存在贫穷或危险的情况下，是什么造就了人类的心理健康。他极为关注人类的基本需求，并将饥饿与纯粹的食欲作了一番对照，建立了一个简单的金字塔式需求层次模型。假如一个人同时缺乏食物、安全、爱和尊重，通常对食物的需求是最强烈的，其他需要则显得不那么重要。此时，人的意识几乎全被饥饿所占据，所有能量都被用来获取食物。在这种极端情况下，人生的全部意义就是吃，其他什么都不重要。只有当人从生理需要的控制下解放出来时，才可能出现更高级的、社会化程度更高的需要（如安全的需要）。人的需求层次又与经济水平有关。在低收入阶段，大部分收入只能用于满足基本的生存需求。随着收入的增加，才有更多的收入用来满足高层次的需求。经济学家用恩格尔系数来评估收入与消费所处的发展阶段。一般认为，恩格尔系数达59％以上为贫困，50％—59％为温饱，40％—50％为小康，30％—40％为富裕，低于30％为最富裕。

恩格尔定律的公式是：

食物支出变动百分比÷总支出变动百分比×100％＝食物支出对总支出的比率（R1）

或 食物支出变动百分比÷收入变动百分比×100％＝食物支出对

收入的比率（R2）

其中，R2又称为食物支出的收入弹性。

恩格尔系数：食物支出金额÷总支出金额×100%

根据统计资料，恩格尔总结出消费结构的变化规律：一个家庭的收入越少，家庭收入中（或总支出中）用来购买食物的支出所占的比例就越大，随着家庭收入的增加，家庭收入中（或总支出中）用来购买食物的支出所占的比例就会下降。推而广之，一个国家越穷，每个国民的平均收入中（或平均支出中）用于购买食物的支出所占的比例就越大，随着国家的富裕，这个比例呈下降趋势。可见，诸如审美与文化的精神需求，是经济水平发展到一定程度、人们的基本物质需求得到满足后出现的高层次需求。对文化产品的消费，如动漫、影视、演艺等，更能体现出纯粹的审美和情感体验的效用。审美需求是经济发展的必然结果。社会经济水平的提高是审美需求发生的前提。这也是社会存在决定社会意识的唯物史观的基本原理。因此可以说，文化产业是在经济社会的生产力水平达到一定程度、进入审美经济形态后形成的。

一、审美经济之"审美"

美学之父鲍姆嘉通对美学的定义是"感性认识的科学"。美学（aesthetic）一词源自希腊语 aisthetikcs，意为感性的、知觉的，审美这个词在历史上最初与感觉相关联。按这种界定，美学首先是认识论的一个分支，而并非以艺术为其对象。但在美学史上，美学作为一门学科，却并不特别关注感觉与知觉，而主要关注艺术。在美学这一概念出现的半个世纪之后，黑格尔将美学明确地理解为"艺术的哲学"。然而，在审美意义上，艺术虽然是其中一个十分重要的领域，但并非美学的全部领域，传统意义上的学科分类已不能将美学严格限定在艺术上。如今，随着经济领域与日常生活领域中泛审美现象的兴起，审美一词的其他语义也逐渐凸显出来，隔开审美与日常生活、与这个活生生的世界的联系，将审美限定在艺术层面的传统界说越发经不起推敲。

当审美跳出艺术的限制时,为求美学概念的完整,当代美学家纷纷提出不同的解决方案。按维特根斯坦的"家族相似"理论,有着多种含义的词汇,各种用法的相似无需归结到统一的相似方面或相似点,可以仅就一种含义与另一种含义在语义上的重叠,用不同的联结方式串联其整个"家族相似"的词语构成。"这是说,没有一种要素足以使人宣称审美是什么东西,相反,它们的关系纯粹是来源于这些重叠本身。维特根斯坦称这类结构为'家族相似'。"①"审美"一词正是通过这种方式建构的。韦尔施认为,"'审美'理当交相意指感性的、愉悦的、艺术的、幻觉的、虚构的、形构的、虚拟的、游戏的以及非强制的,如此等等"②。自鲍姆嘉通的定义起,从广泛的意义上,"审美"一词的语义是指感性,但严格地说,并非一切感性的事物都可以称为"审美的"。感性的语义因素涉及"感知"与"升华",审美是升华到感性的更高级形式。韦尔施说:"'审美'这个语词一开始便固有一种特殊的张力,既指感性,同时又与感性留出一段距离,它的目标不是普通的感性,而是一种更高的、经过分辨的、特殊培育过的感性态度。"③ 在"感知"的语义因素内还有进一步的区分,就是感觉与知觉。一方面,感觉与快乐有关,具有情感的属性;另一方面,知觉与客体有关,具有认知的属性。在这种意义上,"'审美'可以拥有一种'享乐主义的'意义,表达感觉的快感积累,以及一种'理论方面的'意义,表达知觉的观察态度"④。

可以看出,"审美"并不是简单地在物质或产品上加入美的元素变得好看、漂亮而已,"使每样东西都变美的做法破坏了美的本质,普遍存在的美已失去了其特性而仅仅堕落成为漂亮,或干脆就变得毫无意义"⑤。"审美"更重要的是在美学认识论意义上与感觉、知觉相联系的

---

① 沃尔夫冈·韦尔施:《重构美学》,陆扬、张岩冰译,第13页。
② 同上。
③ 同上书,第14页。
④ 同上书,第15页。
⑤ 同上书,第93页。

情感和认知性质，它在审美经济中被体验为对快乐与幸福的效用的追求。

二、审美经济的内在动因

快乐是串联起经济活动与审美活动的纽带，也是审美经济的逻辑起点。快乐既是经济学概念，也是美学概念。经济学在古典时期曾以快乐为己任，边沁就把快乐作为其经济学研究的核心，在《道德与立法原理导论》中把快乐和痛苦作为终极价值，提出被称为"最大幸福原理"的"功利原理"。然而，在马歇尔以后的西方主流经济学中，"快乐"不见了，代之以效用的概念，经济学与美学的联系被割断。为此，丹尼尔·卡尼曼呼吁经济学"回到边沁"，他的研究领域包括认知心理学、行为经济学（behavioral economics）和幸福科学（the science of well-being），他因在人类判断和决策领域的研究与贡献而获得了2002年的诺贝尔经济学奖。

卡尼曼将心理学的特别是关于不确定条件下人的判断和决策的研究应用到经济学中，与合作者特沃斯基（Amos Tversky）一起对奠定新的行为经济学基础作出了贡献。卡尼曼致力于用认知心理学的知识探讨人类行为的内在动机，他将幸福定义为："人们对自己生活的正面评价，包括积极的情绪，全心的投入，满意度和意义感。"[①] 卡尼曼将幸福划分为两种，即"体验的幸福"与"评价的幸福"。"体验的幸福"指人们在每一个具体的生活时刻内在心理状态上的满意度，表达了一种情感状态。"评价的幸福"是对生活的一种总括性的主观测评。概而言之，积极的心理情感属于前者，"体验的幸福"是以生活的具体时刻为基础的；对生活满意度的主观评估则属于后者，"评价的幸福"是以对生活的记忆为基础的。就如说 living 和 thinking about 不是一回事。由这种区分可以得出这样的结论：一种令人满意的生活并不总是令人愉悦的。让人们感到满意的事物或者成就，也并不会让人从一个时刻到另

---

① 胡泳：《卡尼曼的幸福观》，《英才》2015年第3期。

一个时刻持续感到快乐。根据卡尼曼的研究，人的幸福感首先来源于比较，其次来源于变化。举例说，在都市买一栋别墅所带来的快乐，其中只有一少部分的快乐是真正由房子本身产生的，更大部分的是因为与其他人产生比较而得来的。并且，如果一个人一直住着市中心的别墅，而没有发生什么变化，也并不会出现特别的幸福感。这可以说明，舒适的物质条件或者生活环境并不是产生幸福感的重要因素。卡尼曼对幸福等体验效用的研究成果被学界认为是经济审美化，即审美经济形态的内在动因。

第四节　审美经济出现的条件

伯梅在《审美经济批判》一文中认为，20世纪50年代以来，资本主义的经济生产从满足人类的需要过渡到开发人类的欲望。伯梅对审美经济的理论进行了梳理，通过对霍克海默和阿多诺的文化工业批判、沃尔夫冈·弗里茨·豪格的商品美学理论以及鲍德里亚的消费社会理论这一理论路线的分析，他认为审美经济出现的条件有三：一是消费社会的兴起，这是资本主义社会发展的一个新阶段，消费社会、丰裕社会、奢侈经济等表述，标志着资本主义进入了生产与消费都是由审美价值所决定的一个阶段；二是对快乐与幸福的观念的转变，好的生活方式不再是围绕工作、节约和禁欲展开，而是转向了休闲、消费和娱乐；三是阶级社会走向终结。

一、消费社会的兴起

古典经济学把经济活动划分为生产、分配、交换与消费几大环节。在传统的经济理论中，生产始终是第一位的，消费是被生产所决定的，处于次要地位，甚至是可有可无的。经济学对消费的关注也主要集中在物质性方面，对消费的作用与意义采取漠视态度。消费问题长期受到经济学家的冷遇是有着社会现实根源的。当人类社会的生产力水平还不能使物质财富满足基本的生存需要时，消费的主要目的便是为了获得物的使用价值，消费的意义自然是次要考虑的问题。而在进入丰裕社会后，社会财富在满足基本的需要之外还有大量剩余，生产已经不成为问题，此时，消费的重要性便日益凸显。

消费社会的出现源于 20 世纪初美国福特主义生产方式的诞生有力地提高了生产效率，降低了生产成本，同时，劳动者工资的提升也促使社会中大生产与大消费市场完美结合，消费获得了与生产同等重要的地位。全新的大众消费模式使西方社会的基本经济结构发生了重大变化，即从以生产为主导的社会转向了以消费为主导的社会。社会经济的发展变化带来了社会文化背景的改变，"消费"一词的含义也从纯粹经济学术语过渡到文化意义上的概念。如果说此前消费的主要目的是为了获得物的使用价值，此时消费的意义相对于使用价值便有着更为重要的作用。消费的本质从满足人们的需要转变为满足人们被激发出来的欲望，消费者在满足现实需要之外，还有更为重要的欲望动力。"消费"的影响从经济学扩展到社会学、美学和众多文化领域，从 20 世纪 60 年代起，消费社会成为思想界、学术界的研究热点。无论对消费社会的立场如何，对消费文化是接受还是拒绝，都不能否认消费社会已经到来的事实。消费对当代人的生活影响至深，已经渗入日常生活的方方面面，每个人都置身于商品的丛林中。大规模的消费活动不仅改变了人们日常的衣食住行，也改变了人们的社会关系，以及看待世界与自身的基本态度。

二、快乐原则的观念

如果说快乐是一个个人层面的微观概念，对应快乐的幸福就是一个宏观概念。快乐与幸福在英语中是同一个词 happiness。快乐与幸福是人们的经济行为所要达到的最终目的，是经济活动的意义所在，经济行为是为了达到这个目的而采用的手段。从这个意义上说，追求快乐与幸福，并非单纯是人的主观目的，而是历史进程发展到更高阶段的客观要求。快乐是经济学与美学共同的研究对象。经济学在其古典时期，就曾以快乐为研究中心，例如，古典经济学家边沁就把快乐作为其经济学研究的核心，在《道德与立法原理导论》中，把快乐和痛苦作为判断价值的最终标准。边沁认为快乐是一种终极价值和终极判断标准，他据此提出后来被称为"最大幸福原理"的"功利原理"，并区分出十四种人性可感觉的快乐。亚当·斯密的《道德情操论》也不回避对情感愉快的研究。

然而，西方经济学在发展到马歇尔之后，"快乐"不见了，代之以效用的概念。这是经济学中的一次理性驱逐感性的现代化过程。"经济人"假设割断了"理性"的经济学与"感性"的美学之间的联系。表面上看，经济学对感性因素的摒弃是因为快乐等情感不可测度，无法计量。经济学为了实证，采用了"效用"这种可精确测量的中间变量，来代替快乐以及引致快乐的各种不可测的情感与心理行为。从根本上说，这种替代是经济学现代化转型的必然要求。在现代化的进程中，工业理性与情感感性之间存在着价值上的冲突。然而，工业社会经济增长与人民幸福之间的关系，绝不仅仅是简单的、必然的因果关系。在经济发展水平很低的情况下，收入增加能相应带来一定的快乐；但在人均GDP达到一定水平（3000—5000美元）后，快乐效应就开始递减。同时，人对幸福的感受也会受基因、文化、教育、环保、人权保障、工作和生活方式等多方面因素的影响。因此，有钱既不能确使人必定幸福快乐，经济增长也未必能保证人会幸福。

从经济学的角度来看，快乐和痛苦表面上是最为主观的东西，但其内在蕴含着两个方面：一是意义，即价值；二是与这一价值连接的心理反应，如快乐和痛苦。快乐与痛苦的确属于心理现象，但不能仅仅当作主观的心理现象。经济学不同于心理学的地方就在于它把心理现象同心理现象背后的经济价值进行剥离。"自从为生存进行的斗争、生活的最基本的物质需求的束缚减轻之后，幸福就融入了生活本身的观念之中。"[①]

[①] 埃德加·莫兰：《时代精神》，陈一壮译，北京大学出版社，2011年，第135页。

三、阶级社会的终结

阶级社会的终结是伯梅概括审美经济出现的条件之一。"阶级"与"阶层"两个词之间的关系比较复杂，不能简单地总结成何者包含何者的关系。阶级更多地着眼于政治角度，考虑的是对立斗争关系；阶层更多地着眼于经济角度，考虑的是区分。目前，国内学界对于阶级和阶层的研究，普遍采用的是"阶级阶层"一词的混用，一般不作特别明确的区分。

伯梅在《审美经济批判》一文中提到的"阶级社会的终结"这一条件，主要是对沃尔夫冈·弗里茨·豪格的晚期资本主义商品美学的解释。伯梅认为，商品美学对于美学马克思主义的豪格来说是包装，是可以交换的。因此，对于豪格来说，商品美学是资本主义的晚期现象和特征，会碰到它的局限。豪格和包括阿多诺在内的其他人将晚期资本主义描述为，一个在其中消失了阶级差异或者至少是阶级意识，并且区隔的愿望通过消费来确定的时期。"晚期"显示，资本主义就要结束。但伯梅认为，资本主义证明了它的灵活性和变化能力。资本主义并不是一个辩证的过程，而是一个演变的和不断扩张的系统。商品美学只是展示了它的发展过程中的一个阶段。对此陈述，沃尔夫冈·弗里茨·豪格在《商品美学批判：关注高科技资本主义社会的商品美学》一书中作了回应："这些句子既不符合事实，相互之间也不一致。商品美学不是发展阶段，而是资本主义的一个功能性的伴随表象，只要资本主义一直存在的话。而且资本主义的辩证性恰恰在它的作为'演变的和不断扩张的系统的'有变化能力的存在中得到证明。由于商品美学的不稳定性，使得商品美学将不断受到失望的打击，最终它对资本主义的结束不起作用。"[①] 伯梅与豪格的分歧在于商品美学是否是资本主义发展的一个阶段，是否对资本主义的结束起到作用。豪格并没有否认伯

---

① 沃尔夫冈·弗里茨·豪格：《商品美学批判：关注高科技资本主义社会的商品美学》，董璐译，北京大学出版社，2013年，第321页。

梅对晚期资本主义社会"阶级差异或者至少是阶级意识"消失的这种解读。

消费社会的种种现象（包括文化现象在内）都与服务阶级、巨型公司密切相关，脱离消费社会的阶级结构关系，对其种种现象的理解是缺乏深度的，并且极易导致种种意识形态神话，比如消费社会中商品越来越文化符号化、审美化等，而"从事高级服务业的新型中产阶级有两面性：既是高附加值个体化象征符号的处理者，又是个体化高附加值象征符号的消费者"①，他们既主导着消费符号的生产，也主宰着消费符号的消费，在过度文化符号化、审美化的当代消费社会中，新兴服务阶级的上层成为强势集团，社会财富与权力都更多地流转向这一强势集团。新兴的中产阶级则积极地试图进入强势集团的那种上层生活方式中，并将这种生活方式作为一种提升自我的方法。这是以文化视角而非政治经济视角来定义阶级即阶级分析的文化探究方法。这种方法以文化来界定意义和价值以及传统和习俗，意义和价值通过传统和习俗得到表达，并嵌入这些传统和习俗之中。在讨论社会群体之间的不平等时，转向文化体现了从再分配的经济问题到承认文化问题的转变，使得"不平等"在很大程度上变成"文化性的"了。其实，这种观念暗含着一种对阶级研究的文化转向，这一转向不仅涉及对文化意义的强调，而且也是对从经济的或结构的角度解释和分析阶级现象的一种背离。

第五节　大审美经济时代的到来

从审美经济角度来看，人类社会发展至今，经历过三大经济形态。第一个是农业经济形态，社会生产方式以农业与小规模手工业为主，人们通常既是产品的生产者，也是这些产品的消费者，自产自销的经

---

① 斯科特·拉什、约翰·厄里：《符号经济与空间经济》，王之光、商正译，商务印书馆，2006年，第223页。

济模式，使人们更注重产品的实用性。当社会生产力较为低下、物质财富匮乏的时候，生产的理念还停留在廉价、耐用而非审美的水平上，能吃饱、穿暖、住处遮风挡雨就是让人很满足的一种理想生活了。第二个是工业经济形态，科学的发展使生产技术不断进步，泰勒制、福特主义等生产方式使社会劳动分工更加精细，生产效率大幅提升，社会的物质财富达到了前所未有的丰富程度，生产者也不再是自己产品的消费者，消费与生产逐渐分离。物质资料数量的增加和种类的繁多，使人们基本的生存需求逐渐得到满足，物质生活水平由低层次逐渐向更高的层次进化，内在精神上的追求势必成为经济生产与消费的新的发展方向。第三个是大审美经济形态，即当前的经济形态。在审美经济中，商品的物质实用性与精神审美性是结合的，产品本身与服务体验也是结合在一起的，社会中的消费行为，不仅仅是为了使用，消费者想要得到的更是一种情感上的体验，或者说审美享受。大审美经济之"大"，一是表示涵盖范围之大，可以遍布整个社会的各个领域与经济生活的方方面面；二是表示所含意义之广，审美不仅在于商品本身的物质性功能，也包括商品在精神层面上的意义以及为购买者所带来的体验。当生存最基本的温饱需求都没有得到满足时，精神需求无从谈起。在物质条件富足的条件下，精神享受才会与物质需求相分离，成为比基本物质需求更高一层的追求。人的意识重心逐渐从物质层面上升到精神层面，消费倾向由传统的物质满足转向精神享受，逐渐出现了以审美意识为主导理念的审美经济。

如果说在传统经济形态中人们注重的是物质上的满足，那么在审美经济形态中人们更关注的则是内在的精神需求的实现。经济活动中的审美因素能促进人的购买欲望，在消费中得到精神上的愉悦感。在经济行为中，人们有意识或无意识地逐步把审美需求融入商品的使用价值中，审美化的消费比重越来越大，因此使经济具有了文化的属性。这种文化属性不是仅停留于商品表面上，并非仅具有装饰的作用，而是已进入商品的实质性内部。审美因素的增加、消费需求的转向、经济重心由物质向精神的转移，这一切使得审美经济被认为是经济向人性的回归。

如今，经济领域与审美领域相互渗透的趋势越来越显著，有研究者认为，这意味着大审美经济时代的来临。大审美经济来临的标志是体验经济的形成。所谓体验，就是商品或者服务的购买者作为主体对所经历场景的感受。有时消费者的消费行为并不是为了得到某种物质产品，比如，欣赏动漫或者玩游戏并不在于物质上的需求，而是追求精神感受上的体验。大审美经济时代这种强调体验与产品、审美与实用相结合的新经济形态，催生了文化产业的转型与新的发展方向。

第三章

文化产业的美学理论路径

第一节　现代美学理论的实用主义转向

自柏拉图、亚里士多德起，对美与审美的思考便不绝于哲学史。1750年，鲍姆加通以aesthetics命名他所创立的新学科——美学，将之定义为对人的感性认识的研究。鲍姆加通的思想在德国美学界甚至哲学界产生了深刻的影响，使得对美与审美的研究蔚然成风，康德也受到其理论的启发，进而投入对审美判断力的研究。"严格说来，康德，而不是鲍姆加通，才是作为一门独立学科体系的美学的真正创始人。"[①] 正是康德使得"审美"真正地在哲学史上占有一席之地，康德美学成为古典美学与现代美学的分水岭，是现代美学理论转向的起点。

一、康德美学的"审美无利害"原则

关于"审美无利害"问题，在康德正式提出之前，古希腊时代就已经有了零散的讨论。柏拉图在《大希庇阿斯篇》中借苏格拉底之口，通过与希庇阿斯对话的过程，对"美"作了一系列富有启发的描述，以"美是难的"结束对话，虽然没有定论，但已有美不等同于"有用"的思想。柏拉图认为美本身不是效用，文艺还有除了美之外的其他效用。虽然柏拉图注意到了美的特殊性，却没有为美划出独立的领域，在古希腊的哲学思想中美仍是与知、善等混合在一起的。亚里士多德在《修辞学》里也是把美与利害、善联系在一起讨论的。到了西方漫长的中世纪时期，基督教的神学思想占据统治地位，美学也被神性的光环笼罩着，但托马斯·阿奎那还是注意到了美与当时的最高理念——善的区别，提出美是与欲念无关的，也就是与主体没有任何利

[①] 邓晓芒：《冥河的摆渡者——康德的〈判断力批判〉》，武汉大学出版社，2007年，"导论"第2页。

第三章 文化产业的美学理论路径

害关系的。阿奎那有关美学的思想是与上帝紧密联系的,美被框定在上帝创世的目的论中,而没有获得现实的价值。在本体论意义上,美依然是与最高的善合一的,可以说这是前现代美与善关系的本体论范式。从古希腊、中世纪一直到文艺复兴的漫长历史时期内,西方思想史上美与利害或者与善的联系延续了相当长的一段时间。

18世纪,英国经验主义美学家夏夫兹博里从主体感性的角度肯定了审美,将审美看作特殊的感性经验,这已经不同于本体论意义上对美和善关系的探讨。夏夫兹博里的"审美无利害"思想是在反对极端功利主义的背景下提出来的。17世纪,以洛克和霍布斯为代表的经验主义将感性欲望的满足作为理性所要实现的最终目的,将美与利害以及善相混合,发展成为极端的功利主义。夏夫兹博里因此提出"审美无利害",认为审美是特殊的感性经验,无利害的审美要放弃自我利益的中心,通过"内感官"形成"审美直觉"。审美经验不只是外在的五官感觉在起作用,更重要的是内在心灵("内感官")的感觉在起作用。这最早体现出了审美经验区分于一般感性经验的思想。"无利害"作为审美与非审美的界限开始确定下来,为美在思想领域的独立铺垫了道路。夏夫兹博里的学生哈奇生接受了他的思想。继此二位之后,英国美学家博克也比较详尽地阐释了"审美无利害"观念,在《论崇高与美的两种观念的根源》中专门驳斥过将美感与功利、善相联系的观点。在夏夫兹博里的影响下,"审美无利害"的思想几乎成了经验主义美学的核心思想,但是他们并没有创造或使用"审美"或"美学"这样的专有名词。鲍姆嘉通在1750年确立了美学学科,但是鲍姆嘉通的工作还不够彻底,他仍将审美看作一种低级的、模糊的认识能力,并没有使美学自律达到理论高度。直到康德的《判断力批判》(1790)问世,明确提出了"审美无利害"的美学原则。

《判断力批判》是康德对《纯粹理性批判》和《实践理性批判》的对立进行调和的产物。在前两大批判中,康德将哲学划分为作为自然哲学的理论部分与作为道德哲学的实践部分,造成了自然与自由、知性与理性之间的鸿沟。为了将这两部分结合为一个有机的整体,康德提出了审美判断力,作为跨越这一鸿沟的桥梁。《判断力批判》分为

"审美判断力批判"和"目的论判断力批判","审美判断力批判"是康德美学理论的核心部分。在"美的分析论"中,康德提出审美判断的四个契机。康德以"质""量""目的的关系"和"对对象愉悦的模态"为四个契机,来考察"鉴赏判断",即审美判断力。康德把美感与其他快感区分开来,从"质"上对美、快适和善作了明确的区分。"鉴赏判断的愉悦是不带任何利害的"[①],而"快适和善二者都具有对欲求能力的关系"[②],是与利害结合的。"在所有这三种愉悦方式中,唯有对美的鉴赏的愉悦才是一种无利害的和自由的愉悦。"[③] 他将与一个对象的实存的表象结合着的那种愉悦称为利害。就是说,审美只是与对象的合目的的形式有关,不涉及对象的概念和内容,与欲望、意志等无关。比如判断一朵花是美的,不是因为它的颜色鲜艳,也不是因为它的气味芳香,审美不涉及这些实存的表象,只关注这朵花单纯的合目的性的形式。康德认为,利害常常与欲望能力相关,对美的判断只要混杂丝毫的利害在内就会有所偏向,而不是纯粹的鉴赏判断了。只有对事物的实存没有任何倾向性,以一种无利害关系的态度去鉴赏对象,这样所得到的愉悦才是审美的愉悦。由此确立了康德美学的一个根本原则——审美无关利害关系。

康德的"审美无利害"思想在内容上明显继承了从夏夫兹博里到博克的审美心理研究。康德认为对美的鉴赏的愉悦是一种无利害的,同时也是自由的愉悦。由于无关利害,就既没有官能方面的利害感,也没有理性方面的利害感来强迫加以赞许,审美成为"无目的的合目的性"的形式,普遍而必然地令人愉悦。审美不是建立在主体的某个爱好之上,作为审美主体的人"在他投入到对象的愉悦上感到完全的自由"[④]。这种自由的快感由于没有利害从中阻隔,所以尽管是个人的直接感受,但同时又具有人类的共通性、普遍性,实现了"自然"向"自由"的过渡。在康德看来,审美经验既不同于实践经验,也

---

① 康德:《判断力批判》,邓晓芒译,人民出版社,2002年,第38页。
② 同上书,第44页。
③ 同上书,第45页。
④ 同上书,第46页。

第三章 文化产业的美学理论路径

不同于认识经验，它不依赖概念，对每个人都适用，一种审美的"共通感"使美感具有主观的普遍有效性。康德将实践经验和认识经验以及理智、意志等利害因素排除在审美经验之外，即造成审美经验与日常的生活经验的分离，审美正式从道德、宗教、哲学中分离出来。

自康德以降，"审美无利害"原则一直对西方社会有着广泛而深入的影响。席勒紧随康德之后，提出"游戏说"，即在审美游戏中，人可以摆脱感性世界中的物质压迫，又可以解除理性世界中的精神束缚，审美是人获得真正自由的唯一途径，实现人性最完整的形态。黑格尔虽然以绝对理念弥合了康德的二元论，但仍然认可康德的"审美无关利害"的观点，认为艺术是自律的，并将艺术与宗教和哲学并列为绝对精神的表现形式，成为理念运动的高级阶段。叔本华的唯意志论美学认为，艺术之所以可能，就在于它采取的是审美静观的认识方式，进入艺术活动中，人们可以瞬间地摆脱意志的束缚，丢掉对悲剧和苦难的烦恼，融入物我两忘的审美心境，此时，对世界的考察是纯粹的审美活动，即是超功利的、无利害的。克罗齐以"直觉"来界定艺术，对"无利害"的强调似乎更绝对，他明确否定作为直觉的艺术、审美与快感有关，把"无利害"看作"直觉"（审美知觉方式）的根本性质。鲍桑葵的"审美静观"说认为，审美主体的心灵态度是静观的，不经由概念，是以知觉的形式加以把握的，审美的无利害性是"审美静观"的前提。布洛的"心理距离"说则认为，在审美活动中，主体要与审美对象之间保持适当的心理距离，实际上也是将无关利害得失的非功利态度看作审美得以产生的必要条件。这些观点都深受康德美学的"审美无利害"原则的影响，唯美主义运动的兴盛更是为"审美无利害"的广泛影响作了强有力的注脚，在"为艺术而艺术"的美学主张中发展到了极致。

康德美学的影响在于：一方面，它提供了美学从其他学科中独立出来的根本依据，自此美学有了一块自己的领域；另一方面，康德美学将审美经验与日常生活的经验区分开来，造成了美学与日常生活的渐行渐远，审美成了一个自由和美的"孤岛"，创造美和欣赏美成为艺术的最终理想。在艺术表现上导致了所谓高雅艺术与通俗艺术的分裂和对立，现代艺术走上了鉴赏形式美的艺术自律的道路。康德在其美学思想中勾勒出一个非功利的艺术自律领域，后来的"为艺术而艺术"以及唯美主义的思想源泉绝大部分已经存在于康德的美学规划之中。

二、艺术自律性

虽然"审美无利害"是现代美学的核心概念，但是它使审美在排除功利的同时也否定了内容，审美体验成为仅仅是对单纯形式的静观。然而，内容才是富含有人文价值和意义的部分。在康德所处的"文化神圣化"的时代，建构起以"非功利"为首要契机的审美判断力体系自有其合法性。但是，"雅俗分赏"的传统等级社会，使得艺术为少数人所垄断而不可能得到散播，所造成的后果是，艺术不再与日常生活发生直接的关联。当"美"的特质附加在"艺术"之上时，艺术最终脱离了日常活动而独立存在。

自律（autonomy）原本是康德伦理学中的范畴，意谓人的道德精神通过主体意志为自己立法，而不屈从于外部权威设立的规范。艺术的自律意味着审美经验（或艺术）获得了一种摆脱其他人类事务而属于它们自己的生命，即"自治"或"自身合法化"。自律是与他律相对的概念。服从外在于主体意志本身的力量、外部权威设立的规范，就是他律。康德在《判断力批判》中也引入了自律观念，认为艺术和审美与利害、功利、实用的外在目的无关，是无目的的合目的性。德国音乐美学家汉斯立克在《论音乐的美》中正式将自律的概念引入音乐美学，认为音乐是纯粹的、自律的艺术。在康德美学思想的影响下，汉斯立克的"艺术自律"概念成为现代西方美学的一个核心命题。"艺术自律性"关注的是艺术内在的审美特性，强调艺术对其自身独特性的追求。"艺术自律性"经常被用作强调艺术品没有任何实际功能和功利价值的口号。

18世纪末现代艺术概念的出现，使艺术获得了对自我进行确证的

第三章 文化产业的美学理论路径

合法性,各种艺术纷纷从日常生活的语境中抽离出来,绘画、音乐、文学作为独立于宗教生活和宫廷生活的活动被制度化了,现代艺术的自律性由此形成。19世纪中期,艺术上的唯美主义观念出现了,这一观念激励着艺术家依照"为艺术而艺术"的独特意识去创造自己的作品,不受他者的束缚。"为艺术而艺术"从它所追求的纯艺术出发,彻底否定了传统价值观中的实用功利。"为艺术而艺术"的核心就是强调艺术的自我合法性以及艺术与非艺术的严格界限,强调艺术的自我指涉性以及艺术与非艺术的区分,而艺术的这种自我确证的合法性就是艺术的自律性。然而,"为艺术而艺术"并非像它的反对者所说的那样仅仅是为了形式而形式,它强调的是要从外在的观念中解脱出来,拒绝提出任何理论信条,拒绝直接的实用性,它是为美而创造形式。"为艺术而艺术"的美学观点认为,艺术不应该与实际社会生活产生联系,艺术仅在于它的形式,与内容无关。在"为艺术而艺术"的实践中,艺术家甚至切断了与艺术史、与过去以及未来的联系,还要把艺术从道德限制中解脱出来,防止道德说教对他们的指责,防止受到外在生活形式的干扰。对艺术家们来说,生活充其量不过是艺术创作诸多要素中的一个,有多少生活流进了艺术,又有多少生活从艺术中流出,都是无关紧要的。王尔德更是高呼艺术之美就在于艺术自身,艺术应是远离现实的自在之物,要拒绝现实。艺术应该在自身之中而不是自身之外发现它自己的美。正是通过艺术,也只有通过艺术,我们才能实现自己的完美。现实应该被贬斥,理应受到忽视,不值得艺术家去谈论它,只有在艺术中或变为审美化的生活才具有无比的真实性。这直接导致了审美经验日益狭隘化、精英化,艺术成为徒有华丽外表但实质却空洞无物的东西。艺术自律性与唯美主义的艺术诉求是联系在一起的。浪漫主义是诗化世界的应有之义,其关键不在于脱离现实的夸张感,而在于主体为外部世界赋予了价值和意义,人为地建构出一个神圣化的灵性世界。从18世纪对艺术自律性的强调,到19世纪后期与20世纪早期唯美主义的发展,艺术品及整个艺术体制走向独立自主的领域。

齐美尔从文化理想的角度阐释"为艺术而艺术",认为这个口号

"虽然完美地表现了纯艺术倾向的自足性特征"①,但是艺术与生活不一样,艺术是生活的解脱,它有一套独特的逻辑和一种特殊的规则。依靠这种规则,艺术在现实世界之外建构出一个能与之媲美的全新世界。在齐美尔看来,艺术作品与日常事物不同,它服从自我的"法则",可以摆脱外界束缚而得以自主,并且作为一个独立系统独立于外在世界之外,这个分界线"即一个正好从另一个结束的地方开始,不像个别现象一样无法确定其归属,它们如同白昼与黑夜的概念,并没有因为黎明和黄昏有时归于白昼,有时属于黑夜,而互相模糊在一起"②。通过这种审美维度来审视生活,可以使个体超越现实生活的陈旧,发现生活的诗意和现实个体的自我救赎。

齐美尔的艺术自律性思想在法兰克福学派学者那里得到了发展和延续。阿多诺认为,从艺术发展之初一直延续到现代极权国家,始终存在着大量的对艺术的直接控制,而艺术应该具有独立于社会的自律特性。阿多诺强调艺术要站在生活的对立面来实现"艺术否定世界"的目的,但阿多诺的态度也是模棱两可的。"艺术发觉自个处于两难困境。如果艺术抛弃自律性,它就会屈就于既定的秩序;但如果艺术想要固守在其自律性的范围之内,它同样会被同化过去,在其被指定的位置上无所事事,无所作为。这种两难困境反映出更为广泛的、能够吸收或摄取所遇到的一切的社会总体现象。"③ 在他看来,艺术对社会的否定其实并不是要取消艺术与社会的联系,毕竟,艺术也不能完全脱离社会。如果艺术与生活之间的差异完全消失,艺术也就消亡了。因此,艺术与社会的完全脱节,只能是一个诱人却又永远无法实现的梦而已。马尔库塞在《审美之维》中认为:"艺术通过其审美的形式,在现存的社会关系中,主要是自律的。在艺术自律的王国中,艺术既抗拒着这些现存的关系,同时又超越它们。"④ 霍克海默则是在美是自

---

① 西美尔:《货币哲学》,陈戎女等译,华夏出版社,2007年,第362页。
② 同上。
③ 阿多诺:《美学理论》,王柯平译,四川人民出版社,1998年,第406页。
④ 赫伯特·马尔库塞:《审美之维》,李小兵译,广西师范大学出版社,2001年,第189—190页。

由的思想框架中确认艺术自律的价值，认为真正的艺术能够唤起人们对自由的回忆，自由使流行的标准显得褊狭和粗俗。

自律艺术的对立面是他律艺术，大众文化或文化工业正是当代他律艺术的集中表现形式。这种形式一经出现，除了会成为控制大众、传播意识形态的工具外，还会对原本自律的艺术构成威胁。对于阿多诺来说，自律艺术是反抗文化工业甚至是摆脱意识形态统治的有力武器，所以，要坚持自律艺术与他律艺术的边界。然而，法兰克福学派的理论家们在大众文化层面思考艺术自律的问题时，形成了一种二元对立的批判方式：为了维护艺术，必须批判大众文化；批判大众文化的目的，又是为了更有效地维护艺术。艺术与大众文化的关系因此变得势不两立，你死我活，这种思维方式在现在看来未免有些僵化和死板。

综上所述，可以看到，现代美学强调艺术和审美的自律，认为艺术与世俗生活无关，审美是无利害的纯粹静观，不涉及任何实际的欲望满足；艺术以"为艺术而艺术"为最高准则，艺术仅仅以其自身而存在。为了保持这种自律性，美学家们极力将真正的艺术与其他非艺术区别开来，表现为将大众艺术或通俗艺术判定为低级的、无趣味的，在高雅艺术与通俗艺术之间人为地设立不可逾越的鸿沟。

三、实用主义美学

在"审美无利害"原则的支配下，审美经验被视为一种由艺术来激发的静观式感知经验，从根本上了割裂了审美与自然以及与日常生活经验的联系，西方现代美学日渐脱离生活而走向孤立与封闭的道路。19世纪晚期，尼采最先从生命意志的立场质疑"审美无利害"观念的合法性，认为美不应是不食人间烟火的纯粹精神性的存在，而是生命意志本身的强力绽现。此后不断有人向"审美无利害"这一原则提出挑战。杜威就以他的"经验论"来批判"为艺术而艺术"的理念，提倡"生活的艺术"，即一种将艺术与日常生活相融合的理念，以及一种让艺术存在于社会生活之中的经验。

（一）杜威经典实用主义美学

实用主义（pragmatism）这个词最早是查尔斯·桑德斯·皮尔士于1905年正式提出的。另一位实用主义奠基者威廉·詹姆士于1907年把自己的演讲稿汇集成一本书，命名为《实用主义》，更系统广泛地传播了有关思想。约翰·杜威是实用主义的第三位早期代表人物，"经验"是他的美学思想也是整个哲学思想的出发点和归宿，他是第一位将艺术界定为实用主义经验的理论家。杜威认为，人与自然（也就是有机体与环境）处于全面的相互联系中，人与环境的相互作用是一个统一的有机结合的整体。传统意义上的哲学的误区在于使用了"非经验的方法"，由此，杜威提倡一种"经验的方法"。杜威认为，"经验"产生于有机体与环境的相互作用，"经验乃是达到自然、揭露自然秘密的一种而且是唯一的一种方法"[①]。他批判了"审美无利害"原则的哲学基础，即康德的主客体分立的二元认识论体系，并提出了自己的以"活的生物"或者说有机体为基础的哲学思想。在"活的生物"层次上，杜威认为，最原始的经验中的主体和对象是统一的。杜威所说的"经验"有着动态性和连续性的特征。"经验"既包括有机体对环境的"做"（do），也包括环境对有机体的"受"（undergo），所以，经验就产生于"做"与"受"的动态平衡过程中，经验既不是纯粹客观的，也不是纯粹主观的，主体和对象、人和自然界在其中是连续的、不可分割的。杜威恢复了有机体与环境之间的相互关联，在美学层面，他也在弥合艺术与非艺术之间的界限，将经验与美学问题的思考紧密地结合起来。杜威提出"艺术即经验"这个美学命题。通常认为，审美经验（或者艺术）仅仅存在于日常生活经验之外的绘画、雕塑、音乐等艺术形式之内，画廊、音乐厅就如同坚固的围栏，将这些高雅艺术与俗世的日常生活相隔。当某一作品成为经典时，"它就或多或少地与它的产生所依赖的人的状况，以及它在实际生活经验中所产生的对人的作用分离开来"[②]。杜威指出，对艺术哲学的研究应"恢复作为艺

[①] 杜威：《经验与自然》，傅统先译，江苏教育出版社，2005年，第1页。
[②] 杜威：《艺术即经验》，高建平译，商务印书馆，2005年，第1页。

第三章 文化产业的美学理论路径

品的经验的精致与强烈的形式,与普遍承认的构成经验的日常事件、活动,以及苦难之间的连续性"[①]。可见,杜威试图将美学理论带回日常生活之中。

杜威认为,过去的各种美学思想都是以公认的艺术作品为出发点,这样不能达到艺术的理论。这些作品之所以能成为公认的艺术品,是人为划定的,而对经验的获得不能局限于画廊、博物馆等限定场所。他提出要从日常的经验出发,认为日常生活经验是第一性的,不能进入人的经验的,就不是艺术作品;对经验的思考和反思是第二性的,从而形成了艺术理论。因此,依据他的理论也有了这样一种可能,即过去不被认为是艺术作品的物品,通过日常生活而进入人的经验,便也可以进入审美的视野了。他的《艺术即经验》(Art as Experience)一书,书名直译意思为"作为经验的艺术"。在书中,杜威提出"一个经验"的概念。经验在我们的生活中随处可见,但不是所有的经验都能称为"一个经验",杜威对此的界定是:"一个经验具有一个整体,这个整体使它具有一个名称,那餐饭、那场暴风雨、那次友谊的破裂。"[②] 在杜威看来,只要走完历程而达到自身完满的"一个经验",就是一次审美享受,不论是吃一餐饭、玩一盘棋,还是进行一番谈话、写一本书等。但这"一个经验"必须是一个整体,要圆满发展,其结果是一个高潮,而不是中断。"审美经验总是超过审美。在它之中,一个内容与意义的实体,本身并非是审美的,却在它们进入到朝向其圆满的有规则的有节奏的运动之时,才成为审美的。"[③] 所以,生活中琐碎的日常经验,还是可以转变成令人满意的完整的"一个经验"。这样的经验就具有审美性质,接近于从艺术作品中获得的经验,而松弛散漫的经验不能算是"一个经验",也就不是审美经验。"一个经验(取其所蕴含的意义)与审美经验之间既有相通性,也有相异性。"[④] 审美经验是"一个经验"的强化形式,与日常经验有着密不可分的联系,

---

[①] 杜威:《艺术即经验》,高建平译,第1—2页。
[②] 同上书,第39页。
[③] 同上书,第362页。
[④] 同上书,第59页。

所以不可能是如康德所说的"无利害"状态。

不同于康德在审美过程中强调人的理性而鄙视感官上的体验,杜威强调审美经验中各种感官的统一,情感是将各种要素融合起来的黏合剂。审美经验并不是单纯的静观,而是情感与理性的统一。在杜威看来,完整的"一个经验"要达到"无利害"的状态是不可能的。因为生命就是活动,每当活动受阻时就会出现欲望。我们从本能达到经验的完满,其中起作用的根源就在于欲望和需要。将需要、欲望、感情与行动一道排除在审美经验之外,这是荒谬的。在杜威看来,一幅画之所以让人获得美感,并不是因为这幅画不涉及利害,而是因为画中的景色比日常围绕着我们的绝大多数事物具有更完满的光与色,从而更好地满足了我们的需要。杜威认为,一个垂钓者可以吃掉他所钓的鱼,而并不因此失去他在抛竿时的审美满足;一个人使用杯子喝水,却并不因此失去欣赏杯子的形状以及它所使用的材料的精巧。许多实用的器具没有美感和艺术性,但这一事实并不说明"美的"与"有用的"之间就是对立的。"只要在生产行动中不能成为使整个生命体具有活力,不能使他在其中通过欣赏而拥有他的生活,该产品就缺少某种使它具有审美性的东西。"[①] 因此,虽然审美情感是一种独特的经验,它作为完满的"一个经验"而存在,但却不能以一条鸿沟将这种情感与其他情感和经验割裂开来。在杜威美学里,生活与艺术之间的裂缝消失了,生活的完满就是艺术,艺术消融于主客难分的"经验"之中。"一个思维的经验具有它自身的审美性质。它与那些被公认为是审美的经验在材料上不同。"[②] 在此之前被公认为是艺术的材料,也许会被直接感受到,就此而言,它是审美的。然而,当人获得的是真正的经验时,生活或劳动的过程就已经是艺术了。

不同于康德美学将审美与实用的对立,杜威强调艺术的工具价值,将审美指向了人的日常生活。在他看来,人的日常生活经验是不圆满的,通过对艺术作品的审美,人的生活经验可以得到改善和加强,保

---

① 杜威:《艺术即经验》,高建平译,第27页。
② 同上书,第40页。

持活力。《艺术即经验》一书批判一贯的"为艺术而艺术"的传统的艺术构造,杜威反对精英主义"博物馆"式的"为艺术而艺术",坚持为人生、为社会的艺术"他律"。因此,杜威提出艺术理论"不能从一开始就专注于公认的伟大艺术品而得到加深"[①],倡导创造一种"生活的艺术",即将艺术融入日常生活当中,把艺术作为与社会生活共存的经验。杜威认为日常生活经验是第一性的,对经验的思考和反思是第二性的,有了经验才能对其进行反思,从而形成艺术理念。杜威的艺术理论对审美艺术本身与社会发展都产生了强烈的影响,尤其是书中对美国社会的通俗艺术作了强有力的辩护,改变了人们对艺术的传统观念,也使通俗艺术从20世纪以来逐渐成为美国艺术社会当中的主流,涌现出许多诸如校园文化、大众艺术、乡村音乐等通俗文化。

(二)舒斯特曼新实用主义美学

尽管以杜威为代表的实用主义哲学曾经兴盛一时,但却在20世纪50年代之后,在与分析哲学等其他哲学流派的竞争中落了下风并陷入沉寂,直到20世纪70年代罗蒂综合了杜威实用主义哲学、分析哲学和欧陆哲学之后提出了新实用主义哲学,才使得实用主义传统在美国得以复兴。但是罗蒂的新实用主义"在反对传统的形而上学的同时,自身却不知不觉地陷入了某种极端、某种固执"[②]。因而,舒斯特曼提出了一种自称为"新新实用主义"的哲学观。具体到美学上,尽管罗蒂的后哲学美学通过对哲学史上"心灵之镜"的批判消解了审美形而上学,但在美学理论的系统性和影响力上,杜威和舒斯特曼的美学理论显然更具代表性。虽然他们二者在具体美学观点上存在差异,但却都强调艺术在人类追求美好生活中的社会价值和工具价值,注重作为整体存在的人的肉体感受,并且反对将精英艺术与通俗艺术完全区隔开来,这些都是对康德的美学框架的彻底突破。

杜威的《艺术即经验》一书出版于1934年,学术界对杜威的评价有一个反复的过程。20世纪中叶,分析美学大行其道,杜威及其美学

---

① 杜威:《艺术即经验》,高建平译,第9页。
② 理查德·舒斯特曼:《实用主义美学》,彭锋译,商务印书馆,2002年,第21页。

曾被暂时遗忘，用舒斯特曼的话说，实用主义美学始于杜威，又差不多"在他那里终结"。到了20世纪后期，杜威的哲学和美学又重回学界的视野。舒斯特曼正式用《实用主义美学》命名的著作首次出版于1992年。如果说杜威实现了美学上的"经验论"转向，舒斯特曼则实现了美学的"生活转向"。舒斯特曼从杜威的实用主义美学出发，他认为杜威用"艺术作为经验"来定义艺术，最大的优点在于避免用定义把艺术与现实生活截然隔离开来，蕴涵着对艺术的范围广泛的认识和社会潜能，以及对艺术家通过改变我们的态度从而改造世界的意义。舒斯特曼认为，任何高级艺术产品和通俗文化产物之间在根本上无法截然区分，对通俗艺术和大众文化的辩护即使不能造成消费这种艺术的被统治的群体在社会文化上的解放，但它至少能够有助于解放我们自身被高级文化的排除主张所压抑的那一部分，这种解放，与它对文化压迫的痛苦的认识一道，或许能够给范围更广的社会改革提供刺激和希望。

舒斯特曼认为，虽然高级艺术具有教化和陶冶的力量，但是，高级艺术也存在着与生活和实践分离的重大缺陷。它们越来越关注观念，不再关注感觉感受和感觉经验，舒斯特曼将这一现象称为"美学的麻木化"。更何况舒斯特曼还认为在通俗艺术和高雅艺术之间并无绝对的界限。一方面，高级艺术经常借用通俗艺术的内容；另一方面，随着时间的推移，此时的通俗艺术完全可以转变为日后的高雅艺术，反之亦然。舒斯特曼认为人们有必要给予通俗艺术严肃的美学关注，并对针对通俗艺术的指责作了美学上的辩护：在通俗艺术中，生活被置于艺术的中心，经验和艺术的联系也得以恢复。舒斯特曼认为高级的精英艺术与通俗的大众艺术之间的界限应该被打破，他同样否定了传统的精英文化对大众文化、通俗艺术的蔑视与种种限制，并认为一定时代的"高雅"定是从上一个时代的"通俗"中转化而来。在他看来，"高雅的艺术"已经开始融入大众的"日常生活"。他还大力强调和肯定审美的娱乐性，认为审美快感与日常生活的快乐并不冲突，它们在一定程度上甚至是一致的。他提出物质化的"身体美学"来取代传统的精神性的"意识美学"，身体美学使审美本质从单纯的精神性回归到物质性与身体性,将使我们的身体感受定位为美学的作用之一。

以杜威和舒斯特曼为代表的实用主义美学全面突破了康德的静观美学。相对于强调艺术无功利和艺术自律的康德美学,实用主义美学恢复了艺术与生活的联系,强调艺术在人类追求美好生活中的重要作用,用舒斯特曼的话来说,这是将艺术从"高贵的修道院"中解放了出来①。

第二节 美与艺术向日常生活的回归

一、美学边界的扩张

阿格妮丝·赫勒对日常生活作了明确的界定:"我们可以把'日常生活'界定为那些同时使社会再生产和成为可能的个体再生产要素的集合。"② 赫勒特别对日常生活与艺术做了区分,将其提升到要素集合的水平。"如果说日常思维从人的日常经验中直接进行推导,那么,艺术则对这一关系打上问号,因而超越了人在日常生活中体验的地方主义和褊狭性。"③ 纯粹的审美价值应运而生。进入经典美学领域中的人们所享受的不是美和艺术的畅快,而是思辨的痛苦和概念的抽象演绎,不仅对于试图进入美学领域的人们是一种压迫,而且对美学家本身也是一种思维和话语压迫。

康德使美学拥有了独立的领域,艺术具有自律性,审美的事物由此与社会的事物相分离,艺术与非艺术的界限被人为地区别开来,而且艺术自律使艺术内部的各种区别也被强调出来。因此,一种艺术形式区别于另一种艺术形式,正在于其自身的合法化。分化就是区别,就是确立边界,就是找到自己存在的合法化根据。在此基础上,美学

---

① 理查德·舒斯特曼:《实用主义美学》,彭锋译,第9页。
② 阿格妮丝·赫勒:《日常生活》,衣俊卿译,重庆出版社,1990年,第3页。
③ 同上。

原本的由艺术美学而确立的原则逐渐失效。韦尔施认为:"美学向艺术领域之外的问题拓展,最终也会对艺术分析本身有益。"① 美学需要进行重新建构,不再固守独立的领域,审美经验应摆脱自律论的束缚,走向生活,走向他律,最终走向审美经验的泛化。而在理论之外,艺术家的创作实践确实也在发生着变化。

综合前面的论述,可以看出,康德美学使艺术走上自律的道路,高雅与庸俗具有明显的分界,艺术仅为少数高贵的人拥有、欣赏,平民等级的阶层甚至无法窥探到艺术的一角,其结果就是艺术与生活完全脱节。但在日常生活的各个领域中,美藏匿于衣食住行的方方面面,审美的泛化力量可见一斑。审美的独立性与大众文化的实用性成为矛盾的存在,但审美最终不能脱离生活单独存在。艺术与生活分离已久,审美泛化显然是要打破这种分离。因此,对于一些人来说,艺术"终结"了,但对于另一部分人来说,则是艺术的真正开始。杜威说,艺术曾经是文明的美容院,它会变成文明自身,说的就是这个意思。将人们在一个个孤岛式封闭的世界,在博物馆、沙龙、音乐厅和歌剧院,在高雅艺术中培养起来的审美能力运用到广大的日常生活世界的活动中,是艺术发展的一个前景。这就是说,艺术要走出高雅的殿堂。杜威设想,要寻找高雅艺术与通俗艺术经验、艺术与工艺经验、艺术与日常生活经验的连续性。实际上,经验连续性的可能还在于人的分工状况得到改善。他说,艺术的繁盛是文化性质的最后尺度。也许,更正确的说法是审美泛化的程度是文明的最高尺度。这种审美泛化,在一个两极分化的社会里是不可能完成的。人类追求公平正义运动的发展,会给这种艺术化提供准备。这种艺术"终结",或者说艺术的真正开始,不过是艺术回到自身而已。

二、艺术的终结

许多对艺术品的身份和内容至关重要的属性,变得与艺术的欣

---

① 沃尔夫冈·韦尔施:《重构美学》,陆扬、张岩冰译,上海译文出版社,2006年,第103页。

赏有关。在现代艺术发展过程中，反复被人提及的标志性人物和作品，无疑是杜尚和他的作品《泉》。1917年，杜尚将这件其实是在一家商店里购买的陶瓷小便器作为"艺术品"，签上名字后送到纽约的一个大型独立艺术展上，在艺术领域引发了长期的激烈争论。作为一名艺术家，故意将一个被传统排斥在艺术作品之外的日常生活用品放置到艺术的环境之中，这可以理解为杜尚在向传统艺术观念进行挑战；在更宽泛的意义上，这也是一种通过特定的艺术行为和艺术作品向现实世界进行观念层面的挑战。按照丹托的理论，艺术界是艺术赖以生存的某种氛围，实际上也就是某种复杂的制度性结构，离开这种氛围，就无法对艺术作品的内涵予以准确的说明。比如说，正是这样一种构成"艺术界"的制度性结构的存在，那个引起轩然大波的小便器才不再是一个与艺术无关的日常物品了，而变成一件叫"泉"的艺术品。

传统的美学理论被指责为没有意识到一件作品的艺术属性在识别和欣赏方面至少与其美学属性一样重要，或者更甚。而且，由于作品的艺术属性只能由了解作品处理和历史方面的人来识别，而这些方面在作品的外观上并不总是显而易见的，因此，传统的审美体验观也被批评为不足以欣赏艺术。鉴于这一批评，对艺术的认同和欣赏的叙述从狭隘地关注艺术的内在心理和态度，转向更广泛地认识到作品的社会和历史背景以及围绕艺术创作和接受的传统、实践和惯例所发挥的重要相关性。

关于"艺术的终结"，其实是对美学世俗化与艺术大众化的描述。黑格尔从绝对观念和历史发展的角度提出这个命题，在其《精神现象学》中从逻辑和历史的层面作出了论证。在逻辑的角度上说，都要归结在黑格尔的艺术观和真理观当中，绝对精神当中的第一个阶段也是最低级的阶段就是艺术。所以，它一定会为了更高阶段的哲学和宗教进行一次自我批判和改造。这一概念是与当时艺术的发展很不相符的，因为艺术作为"理念的感性显现"，作为理性的内容和感性的形式的统一体，就会发生不切合近代市民社会时期的情况，大多数人们把许多其他的观念掺杂在艺术品里面。黑格尔所说的

"精神""绝对精神"或"绝对理念"就是真理。艺术将会转向更高层次的阶段,这是绝对精神发展的必然。在黑格尔这里,艺术的终结是终结了艺术的历史使命,同时也意味着宗教、哲学开始生成。从这点来说,绝对精神发展到最后产出了艺术,在这个阶段内,艺术绝对代表了最高的表现形式,是精神发展的最高水平。当艺术不再是绝对精神的最高表现时,我们就可以说美的理念被绝对理念超越了,艺术已不复是认识绝对理念的最高方式。历史不再具有方向性,世界历史已经终结,精神或人性不再需要进步,因为推动进步的根本动力,即对高贵价值的追求和对低贱价值的鄙视,已经不再存在。当人与人在价值上变得平等之后,人与人的行动也具有了同样的价值,这在艺术而言同样如此。各类艺术、种种艺术品之间并没有高下之分、贵贱之别,甚至艺术与其他人类事务、活动及生活之间也不再有根本区别。

随着一个艺术时代的结束,艺术从任何"大师叙事"中解脱出来:艺术可以随心所欲,哲学介入解释艺术的意义。正如丹托在关于艺术哲学的著作中所阐明的那样,这反映了19世纪关于艺术精神已经以目前的形式将艺术插上翅膀展翅高飞,向着更概念化的哲学形式前进。安迪·沃霍尔的《布里洛盒子》对于丹托来说,这些盒子除了大小外,在外观上与商业物品没有区别,它象征着艺术对象和它所代表的物体的汇合,这一事件标志着一个艺术时代的结束,标志着西方艺术史叙事的终结。丹托认为,艺术和哲学在生活经历的过程中是交织在一起的,两者都在哲学上努力克服界定思想/身体问题的主体-对象二元论。当日常生活整个被审美化时,个体也就成为一件艺术品,人生也就是在进行艺术创作,每个人也都成为实际上的艺术家了。这样,生活等于艺术,艺术也就等于生活。

三、日常生活审美化

日常生活审美化理论建立在舒斯特曼的《实用主义美学》(1992)、迈克·费瑟斯通的《消费文化与后现代主义》(1990)以及沃尔夫冈·韦尔施的《重构美学》(1997) 基础之上，三者如同三驾马车将日常生活审美化命题支撑并完全建构起来。

"日常生活审美化"命题最早见于英国社会学家迈克·费瑟斯通。他在前人理论的基础上，特别是受法兰克福学派的影响，从消费文化理论视角来讨论日常生活，他认为日常生活审美化是指"充斥于当代社会日常生活之经纬的迅捷的符号与影像之流"的审美化。迈克·费瑟斯通在《消费文化与后现代主义》一书中反思了日常生活审美化的问题，在三种意义上谈论日常生活的审美呈现（the aestheticization of everyday life）。其一，是指艺术的亚文化，即第一次世界大战以后出现的达达主义、历史先锋派和超现实主义运动，它们一方面"消解艺术的灵气、击碎艺术的神圣光环，并挑战艺术作品在博物馆与学术界中受人尊敬的地位"[①]，造成经典高雅文化艺术的衰落；另一方面消解了艺术与日常生活之间的界限，导致"艺术可以出现在任何地方、任何事物上"[②]。其二，指的是生活向艺术作品的逆向转化，如罗蒂、福柯等人揭示了生活的审美方法的核心，将生活视为艺术作品的策划，人的梦想就是生存在一个艺术作品般的世界当中。其三，是指"充斥于当代社会日常生活之经纬的迅捷的符号与影像之流"[③]，包括从马克思的"商品拜物教"批判，到法兰克福学派、鲍德里亚、詹姆逊等人的"拟像"以假乱真思想等，"艺术不再是单独的、孤立的现实，它进入了生产与再生产过程，因而一切事物，即使是日常事务或者平庸的现实，都可归于艺术之记号下，从而都可以成为审美的"[④]。

前两个方面可以理解为"艺术生活化"和"生活艺术化"。就第一种呈现来说，以先锋派和超现实主义等前卫艺术为代表的"艺术生活化"其实并不能算是完全的日常生活审美化，因为这只发生在少数艺术家之间，虽然在摆脱经典美学的束缚，但仍然游离于日常生活之外，甚至可以说与现实生活的距离更大。如果说第一种呈现是艺术在尝试

---

① 迈克·费瑟斯通：《消费文化与后现代主义》，刘精明译，译林出版社，2000年，第96页。
② 同上。
③ 同上书，第98页。
④ 同上书，第99页。

摆脱经典美学，那么到了第二种呈现"生活艺术化"的过程，大众文化便充当起实现日常生活审美化首当其冲的角色，因为日常中的任何生活用品或事物都可能以审美的方式被加以呈现，传统的高雅审美趣味在向现代的大众审美风俗转换，精英文化与大众文化的边界在这个过程中日趋消解。第三种呈现是最重要的，它是指渗透到当代社会日常生活中的符号和影像。"现实的终结及艺术的终结，使我们跨进了一种超现实状态。超现实主义所发现的那些秘密，已更为广泛地传播开来并被加以概括总结。"[①] 超现实主义的东西变成今天的现实本身，今天政治的、社会的、历史的和经济的整体性现实已经结合进了超现实的仿真维度，现实日常生活已处处被艺术与审美的光晕所笼罩。费瑟斯通指出，就日常生活审美化的这一维度，据阿多诺的观点，商品的抽象交换价值日益占据支配地位，这不仅消解了物品原有的使用价值，而且还代之以虚假的交换价值，这即是后来鲍德里亚所说的"符号价值"。符号和影像通过媒体与广告等的商业操纵，在当代都市不断地重构人们的欲望。费瑟斯通所说的这三个层面的含义，都表征了艺术、审美向日常生活进军的后现代现象，这与自启蒙运动后将艺术、科学、道德等领域逐一分立的"现代性精神"是恰恰相反的。费瑟斯通把"日常生活审美化"这一命题置于后现代主义与消费文化的背景之中，无论是哪一种"日常生活的审美呈现"，都强调要打破西方传统美学那种艺术与日常生活界限分明的状态，实现艺术与自然生活的融合。但是我们必须看到，西方之所以会出现如此渴望艺术与生活融合的阶段，是因为在此之前的西方近代美学中，艺术与生活的二元对立达到了极端。因此，艺术从生活中独立，是艺术自身发展的必然结果，是艺术进步的表现。

从费瑟斯通的理论可以看出，日常生活审美化这一现象的形成是有一个历史维度的。第一次世界大战后，欧洲的艺术家开始寻求打破艺术与日常生活之间的界限，认为一切事物都可以成为艺术或者审美的对象。随着日常生活审美现象的深入，充斥于当代社会生活之中的

[①] 迈克·费瑟斯通：《消费文化与后现代主义》，刘精明译，第99页。

虚拟化的审美符号，使影像和广告代替了实际生活和实在事物，商标的价值和包装湮没了实际的质量，对服饰和外貌的重视超过了本真的内心和品质。可以看出，"日常生活审美化"起始于艺术领域，接着被提升到理论高度形成主张，最后被推向社会化的实践，整个过程中有艺术维护自身的努力，也自始至终都有社会经济的推波助澜，最终在消费社会中实现审美与日常生活的融合。

　　韦尔施则将日常生活审美化划分为四种形式："首先，锦上添花式的日常生活表层的审美化；其次，更深一层的技术和传媒对我们物质和社会现实的审美化；再次，同样深入的我们生活实践态度和道德方向的审美化；最后，彼此相关联的认识论的审美化。"① 在韦尔施看来，认识论的审美化是一切审美化中最为根本的一种，构成了当前审美化过程的实际基础，可以解释整个审美化过程为何可以被人们广泛地接受并有所准备，它跟随技术和传媒的审美化，主导着日常生活。"审美"这个词的用法已不限于艺术，"在日常语言中，我们在艺术范围之外运用'审美'一词，甚至比在该范围内的时候还要多"②。今天我们生活在一个前所未闻地被美化的世界里，装饰与时尚从个人的外表延伸到城市的公共空间。韦尔施认为："美学对于生活，不应像今天普遍存在的那样，只是一种装饰关系，而应是伦理/美学的权威。美学的表面可能作为设计的外形，然而，其伦理/美学的内核，目标却是公正。"③ 韦尔施所指的"美学公正"是"对异质性的公正"，即美学要站在一种多元的立场保持开放。

　　概而言之，日常生活审美化的中心内涵是指20世纪60年代以后出现的特定文化景观与生活景观，它的突出特点是美的生产与商品生产的同步，生活场景泛审美化。日常生活审美化的意义在于把实用的东西升华为审美的东西，构成了自20世纪60年代起审美经济时代西方社会的基本生存情境。同时，无论是艺术的终结，还是日常生活的审美化，它们在消解传统艺术审美策略的同时，也在重构新的审美策略。

---

① 沃尔夫冈·韦尔施：《重构美学》，陆扬、张岩冰译，第33页。
② 同上书，第87页。
③ 同上书，第85页。

日常生活审美化也使精英文化和大众文化对接，大众文化已迅速壮大成为与来自学界的精英文化并驾齐驱的社会主干性文化形态。文化对日常生活的侵蚀与扩张，不仅使艺术家作为英雄人物的时代过去了，高雅文化与大众文化之间的二元对立也变得不合时宜。

第三节　大众文化的兴起

随着社会的发展、复制与传播等方面科学技术的进步以及人类生活方式的变革，文化也发生了变化，日常生活的现代化带来了大众文化的繁荣。大众文化并不是从来就有的文化现象，而是艺术走向生活的一个明显表征。大众文化成为一种普遍的审美现象是和日常生活的审美化潮流联系在一起的。

一、复制技术与传播媒介

大众群体的崛起是现代科技发展的结果，由于大众作为社会上的多数，其要享用的文化也需要有一定的规模性，因此，大众文化的兴起离不开本雅明意义上的机械复制技术的发展以及传播媒介的进步。15世纪，德国人约翰·古登堡发明金属活字印刷，使西方世界掌握了复制文字信息的技术，开始有了批量生产的观念，书籍和报刊作为印刷媒介开始迅猛发展。个人分享信息能力的极大提高，使文字以手抄本无法比拟的速度传播开来，这意味着人类社会步入了大众传播的发展阶段。19世纪末以来的一百多年里，随着电子科技媒介的出现，电报、广播、电影、电视等相继产生。技术成为现代媒介的特征，它具有不断再生产的内在的自我动力，"技术以前所未有的速度和规模入侵文化领域，催生出一种以工业生产方式制造文化产品的行业"[①]。文化工业或者说文化产业的雏形出现在这个时期并非偶然，现代工业是文

---

① 单世联：《现代性与文化工业》，广东人民出版社，2001年，第386页。

化产业化的技术动力。

本雅明认为,最早的机械复制是木刻绘画,在文献领域带来翻天覆地变化的是印刷术。19世纪初,平板印刷的出现使机械复制跃上了历史的新舞台,大量的艺术品开始流向市场,"它带来的不仅仅是艺术品的巨大数量,而且也是日常生活的变迁。绘画可以把它的被描对象转向日常生活,并伴随印刷的发展而日渐丰富"①。本雅明指出,机械复制时代提供了使每个人都与文化作品结合成为一体的理想化的可能性,预言了新的文化观念。艺术作品的机械复制不仅会改变传统的艺术概念,而且还催生了一种新的文化类型,这是一种大众参与的、和资产阶级对立的、在感受方式和社会功能上有异于传统的文化。按本雅明的看法,工业化带来了新的交流技术,加快了城市的兴起,产生出一种新的人类存在方式,也让文化艺术可以像工业生产那样批量复制,如摄影相片、电影拷贝、录音唱片以及后来的电视录像等,从而出现了"文化工业"的概念。"高雅的精英文化本身并没有问题,问题是人们接受到和欣赏到它的条件被局限住了。不是高雅的精英文化自身出了什么问题,而是人们接受它的条件出了问题。"② 当技术的出现打破了这种接受条件的限制时,高雅的精英文化与大众文化之间的界限便趋于消失了,比如作为传播媒介的无线电广播的出现,阿多诺在《启蒙辩证法——哲学断片》中说:"广播则完全是民主的:它使所有的参与者都变成了听众,使所有的听众都被迫去收听几乎完全雷同的节目。"③ 技术的飞跃性发展使原先个体性、一次性的文化生产与传播成为标准化、模式化的可持续生产,并且是通过批量复制的方式生产和传播。

20世纪中叶以来,现代科学技术的发展使人类进入了信息社会的时代。科技的快速变革,加速了产业化的进程,技术群和产业群以空

---

① 瓦尔特·本雅明:《机械复制时代的艺术作品:在文化工业时代哀悼"灵光"消逝》,李伟、郭东译,重庆出版社,2006年,第3页。
② 高岭:《商品与拜物——审美文化语境中商品拜物教批判》,北京大学出版社,2010年,第124页。
③ 马克斯·霍克海默、西奥多·阿道尔诺:《启蒙辩证法——哲学断片》,渠敬东、曹卫东译,上海人民出版社,2006年,第109页。

前的速度不断出现，文化产业成为文化在这一时代的主体形式，以一种商业力量在全球化的潮流中成为全球性共同的文化方式。

二、市民社会：文化现代性的生成场域

市民社会是现代社会学研究的重要课题之一。市民社会最早可追溯到霍布斯的《论公民》。但霍布斯并未在现代市民社会的根本特性——国家与社会的分立——的意义上使用这一概念。当黑格尔把伦理精神的终极实现（国家）定为历史进步的最后形式时，一个与国家相对应的市民社会概念才真正成立。

20世纪中叶以来，首先在西方，然后逐步在一个更加广大的范围内，大众消费社会逐步形成。广大的人口聚集到都市，一切自然的、先赋的联系和差异（如血缘、种族、家庭甚至宗教背景）已经消失或接近消失，把人们联系起来或使之相互区别的是社会化的职业和身份，个体不再拥有天然属于"自我"的一切，而成为都市大众中的一个原子、一个可以相互取代的"符号"。文化工业既是这一社会结构的产物，也满足了此社会的功能需要。"大众的统治标志着历史水平线的全面上升，预示着今天普通人的生活已经达到了一个比过去更高的水平。"[①]

葛兰西把市民社会概念与他的"文化领导权"概念结合，为其注入了"文化共同体"的内涵。也就是说，市民社会原本只是指以中产阶级为主的各社群、阶级进行经济活动的一个巨大的社会空间，葛兰西则在其中发现了意识形态或文化意义上的同一性。市民社会作为文化共同体的意义不仅在于启迪无产阶级要进行阵地战夺取文化领导权，也让我们联想到一种超越阶级和社群利益的普适性价值，比如不关涉概念和目的的审美游戏可被看作文化共同体的普遍愿望。伴随着现代工业组织的是支配整个社会的等级与科层制度，它使得社会各分子按

---

① 奥尔特加·加塞特：《大众的反叛》，刘训练、佟德志译，吉林人民出版社，2011年，第20页。

照理性化原则或者说技术的原则在社会这个巨大复杂的机器中运转。个人比任何时候都更依附于社会这个巨大复杂机器的运转,个人比任何时候都更依附于社会,或者说被整合进社会。在日趋标准化和同一性的社会生活中个人逐渐成为大众,从前个人所有的出身、血统、种族、种姓、阶级等的区别已变得不那么重要,个人渐渐失去其个别性而成为被操纵的社会原子和单位。

在西班牙哲学家奥尔特加那里,大众就是"平均的人"(the average man),他认为社会总是由两个构成因素组成的动态整体:少数人和大众。少数人是这样一些个体或个体组成的集团,他们被赋予某种特殊的资格。大众则是没有这样资格的人们的群集。大众不是"劳动阶级",大众是"平均的人",是"彼此没有差别的人",他们已经丧失了个性,拥有一种共同的社会特质,拥有共同的欲望、共同的趣味和共同的生活方式,这样的人在海德格尔那里是"常人",在雅思贝尔斯那里是"群众"。

三、大众文化与文化工业

无论中西方,文化产业的出现与发展都与现代化进程中大众文化的崛起密切相关。大众文化的崛起是文化平民化进程的一个重要表现,它使文化走出精英阶层的小圈子而更加贴近大众,这是一种历史的必然。大众文化在英文中通常有两种译法:mass culture 和 popular culture。这两种译法在大众文化发展演变历史上经常交错出现,但是在不同的时期使用频率有不同的侧重。大体上来看,在大众文化产生的早期,mass culture 的使用频率较高;此后,popular culture 的使用频率不断加大,以至于一度与 mass culture 交互共存;今天人们大多时候都使用 popular culture,并倾向于用 popular culture 吸收和包含 mass culture 的义项。早期的大众文化主要是针对 mass culture 而言,在英语中,mass 有几层含义,指物时有"大量、大堆"之意,指人时是"大众、群众"的意思。mass culture 直译就是"大量的、多数的、群众的、聚成一体的文化"。这个术语流行于 20 世纪 30—50 年代的文化批判思潮之中，用以指商业利益驱动的文化产品，特别是大众传播产业的典型产品，如电影、广播、电视、音像产品、广告和流行出版物等。大众文化（mass culture）是相对于高等文化（high culture）而言的，它被精英们提炼出来，用来指称当时正在突现的与传统的高等文化不同的文化现象。在大众文化研究勃兴的早期，大多以 mass culture 这个带有明显贬义色彩的词组来指称，有将大众比作乌合之众之意。这时，在批判视角下的 mass culture 更多地指向被工业生产所绑架了的、完全以商业利益为出发点的，既抢占了民间文化的地盘又侵犯了高雅文化权威的这样一种大众文化。同时，在现代社会转型与世俗化的过程中，出于普通大众的心理需求，文化的娱乐性大大增强。正因为如此，在文化精英者们看来，大众文化自然是一种对于市侩和粗俗文化状态的贬称。

在早期大众文化研究者看来，大众文化侧重指大众群体特有的文化，与这种文化相对应的则是在大众文化突现之前一直占文化形态主导地位的精英文化（或称贵族文化），相比于后者，大众文化则是新兴的、来自大众的、低等级的文化形态，对于大众以及大众文化研究多带有批评态度，大众文化在文化系统中属于最低层次的文化。后来，随着大众文化的蓬勃发展，它的内涵逐渐由低级、粗俗转变为与严肃艺术相对立的通俗文化和流行文化，这样，大众文化作为 popular culture 的意义逐渐加强。大众文化形态演变的第二个阶段是 mass culture 与 popular culture 交互共存，并逐渐倾向于用 popular culture 吸收和包含 mass culture 的义项。在美国学者麦克唐纳 1944 年撰写的《大众文化理论》中最早出现了从 mass culture 到 popular culture 的转折，popular culture 开始指一种民众的文化，不再具有贬义，可以看出人们对于大众文化的态度逐渐变得宽容。到了 20 世纪下半叶，大众文化逐渐变成代表社会上流行的大多数人文化的特定概念，逐渐摆脱了与所谓的精英文化对立的底层文化形象，开始成为现代社会公众文化的代名词，这是大众文化得以定型的第三个阶段。时至今日，在提及大众文化时更倾向于译作带有中性意义的 popular culture，将其看作流行的、普通的、普遍的一种文化形式，态度明显缓和，不再带有批判与贬义色彩,也体现了随着理论与实践的发展,人们对大众文化逐渐接受与包容的态度。"目前,西方在谈论到大众文化之时,应该说,无一例外是指的 popular culture。现代社会,它更倾向于指一种产生于20世纪城市工业化社会、消费社会的以大众传播媒介为载体并且以城市大众为对象的复制化、模式化、批量化、类像化、平面化、普及化的文化形态。"①

大众文化是现代工业文明和商业文明相结合的产物,虽然有对普通大众主观需求的顺应,却非人为选择的结果,而是社会生产力、科学技术、城市经济的发展、闲暇时间的出现以及其他相关社会结构发展到一定阶段的必然产物。大众文化是在现代化进程中形成的满足大众阶层需求的文化,是一个在现代化进程中凸显出来的文化概念。现代社会的工业化生产方式需要最大程度地发挥每一个人的生产能力,与此相适应,在前工业时代作为社会底层的广大民众被现代化进程带到历史舞台的前方。由于现代社会中大众文化需求量要远远超过精英文化,因而,促使文化产品走上工业化发展的道路,最终使文化生产也成为生产领域的一个独立部门,导致文化产业的出现。"文化产业与大众文化构成了一个事物的两面:相对于整个社会的文化体系,它表现为文化产业;而相对于大众的日常生活,它又表现为大众文化。"②

阿多诺和霍克海默区分了文化工业和大众文化这两个概念,认为与"文化工业"一词相应的"文化形态"就是大众文化,文化工业与大众文化是互为依存的,文化工业是大众文化的生产体系,大众文化是文化工业的最终产品。文化工业一词,用来指称大众文化的产品和过程,认为文化工业是一种市场化、商品化的文化生产,是采用现代大工业生产方式生产出来的,同时也是一种技术性的文化生产。在法兰克福学派的大多数成员看来,由资本主义企业控制的文化工业正在把人塑造成集体类同的一分子,文化工业使大众文化堕落成为现实和统治辩护的意识形态工具。法兰克福学派对大众文化或文化工业的批

---

① 潘知常、林玮:《大众传媒与大众文化》,上海人民出版社,2002年,第25—26页。
② 胡惠林:《文化产业学:现代文化产业理论与政策》,上海文艺出版社,2006年,第22页。

判构成了法兰克福学派几代学者的思想倾向,法兰克福学派内部在对待大众文化的问题上,虽然存在着一些分歧甚至有一些截然相反的看法,但是批判大众文化一直是法兰克福学派的主流声音。大众文化实际上是法兰克福学派一直维护的自律艺术的对立面。马尔库塞的大众文化理论是法兰克福学派大众文化批判理论的重要组成部分,但是他的观点又与霍克海默和阿多诺等人的观点不大相同。一方面,马尔库塞认同法兰克福学派的主流观点,认为大众文化是极权主义的统治工具、传声筒,具有整合大众的作用;另一方面,在特定的历史时期,马尔库塞又看到了大众文化具有颠覆资本主义的功能。

费斯克认为,大众文化不是由文化工业强加到大众身上的,而是由大众自己创造出来的。"大众文化是对其从属地位感到愤愤不平的从属者的文化",它"并不是从属的文化将人们一体化或商品化成作为牺牲品的资本主义的受人操纵的傀儡"①。费斯克将"文化工业"中的大众定性为"群众",并认为阿多诺的理论是基于"单向度的社会"这一认知框架下的,群众与大众是不同的两个概念。"群众是异化的、单向度的(one-dimensional),他们的意识是虚假的,而他们与奴役他们的体制之间的关系,如果不是心甘情愿的,也是不知不觉受欺骗、被愚弄的状态。"② 所以,他们在文化工业绝对权威的控制下是麻木的、毫无还手之力的。明确了大众与大众文化的概念含义,费斯克的观点清晰可辨,即"大众文化是大众创造的,而不是加在大众身上的;它产生于内部或底层,而不是来自上方"③。这一点与威廉斯"文化源于日常""文化是整个人类的生活方式"的理论便十分接近了,他们都认为日常生活是由大众文化的实践组成的。

法兰克福学派和伯明翰学派是研究大众文化的两个最重要的群体,二者的共同之处在于都具有马克思主义的思想背景,都对当代资本主义社会持有批判的态度。他们对于大众文化的不同认识,在一定程度上是与其不同的政治策略相关的。法兰克福学派因为其特殊的德国社

---

① 约翰·菲斯克:《解读大众文化》,杨全强译,南京大学出版社,2001年,第8页。
② 约翰·费斯克:《理解大众文化》,王晓珏、宋伟杰译,中央编译出版社,2006年,第23页。
③ 同上书,第25页。

会历史情境，深刻领悟到现代社会结构上的压迫性，并把它与文化工业的消极影响联系在一起；伯明翰学派则有着英国那种尊重个人自由的传统，选择相信个体并不会被文化工业完全同化而失去自主性，还有可能在一种大众化的形式中保持个体自己的判断。并且，两种理论出现的时代已然不同，20 世纪 50 年代起社会的政治环境发生了变化。法兰克福学派是文化工业理论的先行者，伯明翰学派则对先行者的观念进行了补充和矫正，并开拓了新的视域。两种理论并不是非此即彼的关系，对大众文化的态度无论是否定的还是肯定的，都是我们从美学视角研究文化产业理论的思想资源。

第四节　消费社会的商品美学

在后工业化时代演化出的日常生活审美化又具有了新的内涵。这时的西方社会已经不再是一个商品物资匮乏的社会，并且已经完成了从生产型工业社会向后工业社会或大众消费社会的转型，这时的日常生活审美化也从一种理论变成了城市大众的普遍要求。精美绝伦的日常用品被批量地进行生产，大众也迎来了艺术品机械复制的时代，各种工艺产品、美术作品以及音像制品覆盖着世界的各个角落，大众文化的时代到来了。20 世纪 50 年代后，一种史无前例的大众消费模式出现了，它把整个资本主义社会推向一个新的阶段——大众消费阶段，为现代意义上的消费社会的降临奠定了基础。消费社会是个典型的现代概念，概要地说，消费社会实际上就是一个被物所包围，并以物（或者说商品）的大规模消费为特征的社会，它源于现代人对日常生活中需要的满足以及对快乐享受的追求。这种大规模对物的消费或者占有，不仅改变了人们的衣食住行，也改变了人们的社会关系和生活方式，改变了人们看待世界和自身的基本态度。消费文化的出现是消费社会最为显著的特征之一。

一、符号化与景观呈现

随着现代社会城市化进程的加快,大量人口涌进物资充裕的城市,超市、大卖场、剧院、音乐厅等各种形态的消费场所吸引了大批新的消费阶层。都市生活的琳琅满目使人压抑,身处于消费社会中也会感到孤独,这种刺激会让人表现出对自主性的追求,寻找一种使自己不被湮没在都市中的个性,一种对自身存在的社会确证。商品本身是什么并不重要,重要的是从商品抽象出来的符号所持有的寓意,这种持有本身被视为品位和个性的象征。正是从这个意义上,鲍德里亚对"生产与驾驭社会符号的逻辑"进行批判,他指出:"这种逻辑根本不是那种把财富和服务的使用价值占为己有的逻辑——不平等的丰盛逻辑,一些人拥有奇迹权,而另一些人唯有奇迹的碎片——这不是令人满意的逻辑,这是生产与驾驭社会符号的逻辑。"[①] 社会生产力的发展以及经济增长带来的后果之一,是人类可生产出超过基本需要的商品,用之不尽地包围着我们的生活世界,并向我们填灌着更多的欲望,营造出一个完全人文化了的世界。人类不只是生活在自然中,更多地也生活在"物的体系"中,文化与日常实践、物质消费融为一体,变成了实实在在的"第二自然"。杂志、报纸、广播、电视、电影等休闲方式都成了文化,文化领域扩张至日常生活、经济领域。

列斐伏尔在《现代世界的日常生活》一书中指出,现代社会是一个消费取代生产成为首要控制领域的社会,社会的主要矛盾是技术-官僚体制和消费体制与日常生活现实之间的对立。生产的意识形态和创造性活动旨趣已经变成消费的意识形态,对于日常生活中的个体来说,控制社会的主导力量变成了流行的消费心理观念与大众化媒体所编织设计的时尚体系。消费不再是对真实的物或使用价值的消费,而是变成了对宣传、广告符号本身的消费,以及满足消费需要的消费。"消费社会中的文化被认为是碎片化的符号与形象漂浮不定的大杂烩,它带

---

① 让·鲍德里亚:《消费社会》,刘成富、全志钢译,南京大学出版社,2008年,第32页。

来了没完没了的符号游戏,破坏了经年不衰的象征意义和文化秩序的基础。"① 费瑟斯通认为,消费社会最主要的特征就是大量充斥于当代社会日常生活中的符号与影像之流。

通过媒体与广告的宣传,以及日常生活中的城市景观与表现,进行影像生产的商业必然通过影像来再生产人们的欲望。因此,并不能把消费社会仅仅看作占主导地位的物质欲望的释放,它还迫使人们产生无数梦幻般的、非现实化的影像欲望,向人们叙说着现实审美化的幻觉。鲍德里亚、詹姆逊等人强调符号、影像在消费社会起到的核心作用,也就赋予了文化在日常生活中史无前例的重要地位。举例来说,法国的路易·威登(Louis Vuitton)皮包风靡全球,成功之处并非它在使用价值上的"耐久性"和"容量大"等条件,真正让消费者趋之若鹜、愿意付高价的原因,其实是LV两个字母交叉的那个品牌标识。在众多消费者的心中,这个符号代表着"精致生活的化身""欧洲名士的情调",拥有者在展示和分享这个符号时,心理上会暗含着一种高人一等的精神喜悦。试想一下,若拿掉LV这个魅力符号,仅仅是一个深浅错落的咖啡色格子皮料拎包,还会有这么多的消费者愿意花高价去买吗?这便是在消费社会中符号所带来的意义。对生产企业来说,商品功能的开发、制造质量和控制成本已经不再是首位重要的了,这些并不能使商品产生与其他商品的差异性,并不是吸引消费者的权重系数里最优先考虑的因素。如何能让消费者融入由商品的"象征符号"所暗示的那种理想化生活风格里,才是更为重要的。并且,这种象征符号的资源是无限的,不但不会被耗尽,反而还会滋养出更多的新的符号。斯科特认为,在审美经济时代,"符号"的象征性特征是文化产业区别于其他产业的根本特征②。

---

① 迈克·费瑟斯通:《消解文化:全球化、后现代主义与认同》,杨渝东译,北京大学出版社,2009年,第105页。
② A. L. Scott, "Capitalism, cities, and the production of symbolic forms", *Transactions of the Institute of British Geographers*, 2001, 26 (1).

二、享乐与幸福

到晚期资本主义阶段，资产阶级在奋斗中所追求的实际目标已经达到，一个以商品生产为唯一准则的社会形成并高度成熟，生产力水平大大提高，社会产品相对丰裕。在放纵的消费享受和无情的商品原则面前，人们唯一感到内在需要的是，在紧张之余，能得到一种感官的愉悦。人不再需要为了神圣和完善化而自我塑造，只是听任感官享受对自己的塑造。身体是文化最为直观的载体，也是解读文化的一个重要途径。每个人都有的身体常被看作一种"实在体"的存在，以至于我们仅仅把身体看作一个自然的而不是社会的现象来对待，一提到人存在的肉体性，就联想到达尔文主义、生物还原论或社会生物学等理论。但身体一方面是自然的生物现象，另一方面是自然与文化之间对话的产物，受到社会和文化的建构。费瑟斯通在消费社会的背景中关注身体，认为身体是快乐的载体，成为现代人自我认同的核心。在消费文化中完美的身体等于完美的生活，张扬身体的青春与活力，已经发展成为消费文化的一个标志。个人经历着对身体、心灵和行为的全方位时尚化，在美容院和健身房追求身体的审美完善；在沉思冥想和各种交融中美化着自己的心灵；在礼仪的培养中向往着优美的行为举止。舒斯特曼提出"身体美学"作为一个"学科的提议"，这不是对该称谓作"性文化"之褊狭和低俗化的理解，他批判身体外观在市场化作用下造就出一批"审美拜物教"式的"僧侣"和奴隶。然而，在人的身体还没有从劳动力商品承载物的地位解放出来的现实语境下，这种"身体美学"除了附属于体育学和强身保健知识之外，在政治哲学和文化上仍然是一种审美的乌托邦，因此，身体美学在学科化上面临着许多边界问题的困难，很容易被审美化的文化消费主义利用。

然而，在消费社会，对享乐的追求并不局限于身体感官。"生产和消费——它们是出自同样一个对生产力进行扩大再生产并对其进行控制的巨大逻辑程式的。该体系的这一命令以其颠倒的形式——这正是其极端诡谲之处——渗入了人们的思想，进入了伦理和日常意识形态之中。这种形式表现为对需求、个体、享乐、丰盛等进行解放。"① 按照鲍德里亚的看法，消费还具有社会劳动的性质。当代社会消费已经不是原初意义上的消费，而是资本主义生产发展的要求和产物。费瑟斯通认为，消费社会最成功的地方是重新建构符合消费社会要求的享乐型生活方式。而在传统生活方式让位给享乐型生活方式的过程中，大众传媒发挥了难以想象的作用。"消费者实际上不在乎获得产品，而是通过购买使自己进入某种审美的生活方式，而广告策略已将之与产品联系在了一起。"② 享乐满足的快感并不具有精神内在的品格，它所呈现的也只是人在日常生活里最直接的欲望和动机，尽管这种欲望和动机已经由特定的视像"物化"为颇具浪漫诗意外壳的人生形象。

审美经济的效用价值在于对幸福的追求，并不同于享乐，根据马斯洛的心理需求层次理论，人的自我实现需求属于最高层次，审美需要也应属于人的一种自我实现，是人最高层次的需求，因此，是在物质需求和生理感官需要得到满足之后提出的。审美经济时代，较之此前的经济形态，人们越发关注物质产品的审美价值，只有经济水平的发展与提高，才有精神上更高层次的追求。这也正是社会经济发展到一定程度，审美经济所能赋予人们的成果。

三、消费主义与消费文化

消费文化，顾名思义指的就是消费社会的文化。"很明显，消费文化的一个重要特征就是，商品、产品和体验可供人们消费、维持、规划和梦想。"③ 不同于经济意义上的消费，消费主义指的是这样一种生活方式：消费的目的不是为了实际需要的满足，而是在不断追求被制造出来、被刺激起来的欲望的满足。人们所消费的，不是商品和服务的使用价值，而是它们的符号象征意义。

在资本积累的早期阶段，生产的重心在于生产资料的生产，消费

---

① 让·鲍德里亚：《消费社会》，刘成富、全志钢译，第74页。
② 沃尔夫冈·韦尔施：《重构美学》，陆扬、张岩冰译，第91页。
③ 迈克·费瑟斯通：《消费文化与后现代主义》，刘精明译，第166页。

特别是生活消费处于次要地位。现代化的工业生产发展到生产普遍过剩,而且是制度性的生产过剩时,就要开发经济中生产的另一端——消费。生产与消费同是现代性的范畴,是现代性范畴内部的一对矛盾。消费一端的兴起,是为了不使矛盾过于偏向它目前失衡于生产的一面,以达到经济循环与社会和谐的目的。西方主流经济学是以生产为中心,将消费始终视为一个既定的前提,不认为消费会对生产构成障碍,问题的根本在于现代性本身。就是说,制度性的消费不足,不是人类社会的普遍现象,而是工业化这一特定历史阶段的特殊现象,是在工业化中形成的"以生产为中心"的社会历史条件下的产物。这是与工业化中形成的以理性为中心的现代性观念相伴而生的。

巴塔耶提出两种消费的思想,区分了生产性消费和非生产性消费。生产性消费指依附于生产的消费,是作为生产手段的消费。这种消费的目的在于保证再生产的顺利进行,但并不是消费的全部。如果一种消费无助于增长,但有助于幸福,增长与幸福在福利角度上存在矛盾时,这种消费就不属于生产性消费,而是巴塔耶所说的另一种消费——非生产性消费,许多精神消费就属于此类。不是通过消费来促进生产,而是通过生产来促进消费,消费是目的,生产是手段。正如鲍德里亚在《生产之镜》中对现代性或者说工业化"以生产为中心"的核心理念的解构,无论是如政治经济学那样对资本主义工业化的批判,还是如新古典主义那样对资本主义工业化的赞颂,都是自觉或不自觉地将"生产"作为人类社会发展的重中之重来看待,但其实现今的社会发展进程,已经使人类生活的轴心向消费、向日常生活转移,鲍德里亚由此建立了著名的消费社会理论。

消费社会中的消费不仅是一种行为方式,更是一种文化认同。从生产的角度看,现代人是苦闷的,因为在企业的决策系统里,通常只有企业总部办公室里的少数人拥有绝对的自由,自由的多寡和有无是根据等级来决定的。那些渴望自由的多数个体,在生产系统里受到管教,而只有在消费领域里,才能找到一种更好的自由。市场中不断推陈出新的商品,为现代人提供了随时随地改变身份、创造自我、肯定自我的机会。在消费市场里无数的创造自我自由的机会,让人自愿屈从于不自由的生产的生活,用自己更多的劳动来交换更多的货币,以获得更多的消费机会。在生产中,资源是有限的,比如权力和职位等,但在消费世界中,消费的象征意义的资源是无限的,比如说买到一件商品可能带来一点喜悦,也可能带来十分喜悦,并且完成一次消费行为,还可以继续下一次的消费行为。可以毫不夸张地说,消费作为一种文化已经是无处不在的生存环境,渗透在日常生活的方方面面。正如鲍德里亚所说:"消费是个神话。也就是说,它是当代社会关于自身的一种言说,是我们社会进行自我表达的方式。在某种程度上,消费唯一的客观现实正是消费的思想,正是这种不断被日常话语和知识界话语提及而获得了常识力量的自省和推论。"[①]

在消费社会,对消费的一切分析都将最终归结到一种人类学或者心理学意义上不容置疑的逻辑预设上,即关于人的需求、需要的理论,而人自身却已很难鉴别需要和欲求的真伪。人对物的印象以及对物的崇拜通过现代大众传媒及相应技术而无限放大,可以说消费文化如同大众文化那样在人群中产生交互式影响,形成集体无意识。马尔库塞指出,人们的需要存在真实与虚假之分,判断真假的标准固然取决于每一个个体自身,但是只要人们仍然处于不能自治自觉的状态,就有可能受到外界力量的干扰、灌输和操纵,从而误把虚假的需要当真,坠入集体无意识的深渊之中[②]。消费社会中,人们在普遍的乏味中苦寻个性。个体被编码、归类、排序,关于消费的话语都是把消费者塑造成"普遍的人",消费者却迫切期待能够成为脱颖而出的"潮人"。

消费社会的扩张,消费主义的盛行,造成了物品消耗量的激增和浪费,以及资源的大量消耗与环境的严重破坏。要实现可持续发展的目标,就内在地要求我们必须对一种庸俗的物质取向的消费主义文化及其观念作出解读、反思与批判,从中获得应有的启示。智能化信息时代,精神、意识的作用在放大,对消费主义的批判也从消费这个角度提示我们要加强对人的精神的关注,以矫正现代人的集体无意识和

---

① 让·鲍德里亚:《消费社会》,刘成富、全志钢译,第163页。
② 赫伯特·马尔库塞:《单向度的人——发达工业社会意识形态研究》,刘继译,上海译文出版社,2014年,第6—7页。

心理病态。面对消费社会中的异化现象，美学与艺术应该改变其传统的地位和功能，在文化层面和物质层面成为一种生产力。经济社会的特征从生产型社会转向消费社会，消费行为变成了构筑市场的符号，成为资本的作用对象。消费在符号、象征、认同、欲求的驱动下，被大众传媒所幻化，西方社会发生了结构性的转变。人的生活已去中心化，生活的重心和意义之所在不再如生产型社会那样只是"工作"，而更多的是休闲与娱乐。人们开始注重富有个性的生活方式和精神需求，消费从经济领域广泛侵入社会领域。人对物质生活的本能诉求，上升到对精神世界的符号体认。随着"大众文化""文化工业""消费社会"的进程，日常生活与带有审美意义的经典美学和艺术逐渐被割裂。同时，劳动的分工与社会的分化使日常生活开始变得重复、机械、单调、空洞、无趣以及无所适从。最终，人寻求一种关于体验、表达人对于现实的无奈的审美，就成了自然而然的事情。

第四章

文化产业的经济学理论路径

第一节 西方经济学价值理论的演进

可以说,价值(value)概念是所有经济行为的起因与动机,价值理论是经济学中解释商品交换的依据和法则,是经济理论的核心与基础。近代以来,西方经济学的价值理论经过几个阶段的变迁,包括魁奈、亚当·斯密、大卫·李嘉图和卡尔·马克思的劳动价值理论;萨伊和穆勒的生产成本价值理论;杰文斯、门格尔和瓦尔拉斯的"边际革命"的主观效用价值理论;将前三者结合起来的马歇尔新古典经济学的供求均衡价值理论。不难发现,价值论问题是自理论经济学发端之际便始终萦绕在诸多学派心头的一个核心问题,它直接关联到现代经济学中的效用理论、均衡理论等基础理论。在经济学理论史中,探讨价值理论的起点是亚当·斯密的《国富论》。1776年,亚当·斯密发表了现代经济学的奠基之作《国民财富的性质和原因的研究》,即《国富论》。亚当·斯密是手工工场向机器工业转变时期的资产阶级经济学家。实际上,《国富论》不仅是经济学经典,也是经济哲学著作。

一、功利主义与经济价值

功利主义作为一种伦理学说,其思想萌芽可以追溯到古希腊时期伊壁鸠鲁学派和斯多葛学派,后经霍布斯、洛克、哈特里、爱尔维修等人的发扬,在18世纪后半叶由边沁创立了一套基本分析框架。边沁是英国功利主义哲学的创始人,他认为个人是社会的基础,人的本质是自私的,以趋利避害为其一切行动的准则;他又认为社会是个人的总和,所以,个人的社会行为应以最大多数人的最大幸福为目标,国家应当采取适当的法律和道德规范个人行为,以促进实现个人利益同社会利益的结合与统一。

第四章 文化产业的经济学理论路径

功利主义思想产生于18世纪的英国有着一定的时代背景。工业革命不仅在技术上,而且在经济、政治、社会、文化等方面使英国焕然一新,这种全新的经济和制度结构以及社会关系需要一种新的哲学学说提供思想支持。同一时期,欧洲大陆以康德为代表的德国古典学派对人类理性的思辨达到了空前精致的程度,但是这对于以经验主义著称的英国并未产生太大的影响,诚如罗素所言,"在从康德到尼采这段时期内,英国的职业哲学家始终几乎完全没受到同时代的德国人的影响"[1],反而在洛克等人的古典自由主义的影响下,诞生了适应新的环境的功利主义学派。

杰里米·边沁被认为是功利主义的鼻祖,他最具代表性的著作是1789年出版的《道德与立法原理导论》,主张趋乐避苦是人类的天性,每个人总是追求他所认为的自己的幸福。边沁思想的核心部分是快乐与痛苦的计算问题,他认为快乐和痛苦的量是可以比较的,而质的差别并不重要,"同一个程序可以应用于估算无论何种快乐和痛苦,不管它们的外表如何,也不管它们靠什么名称被人识别"[2],无论其名曰善(这是快乐的原因或手段),也无论其名曰恶(与善对立)。一种事态,如果其中包含的快乐超过痛苦的盈余大于另一种事态,或者痛苦超过快乐的盈余小于另一种事态,它就比另一种事态善。边沁理论自然而然地受到与其同时代的亚当·斯密所开辟的古典经济学个人主义方法论一定程度的影响,以追求个体自身利益最大化的"理性人"预设为其基本人性论的前提。大卫·李嘉图继承和发展了斯密建立的古典经济学理论,成为英国古典经济学的优秀代表。李嘉图经济理论的哲学基础不是启蒙学者倡导、重农学派和斯密等人信奉的自然秩序论,而是以个人主义为基本出发点的边沁的功利主义哲学。李嘉图是边沁功利主义的信奉者,并以此作为他的经济学的哲学基础,但同时与边沁又有很大差别。边沁认为资本主义社会的关系是调和的、和谐的,李嘉图则承认资本主义社会的阶级利益对立,并认为资本主义生产方式

---

[1] 罗素:《西方哲学史》(下卷),马元德译,商务印书馆,1976年,第371页。
[2] 边沁:《道德与立法原理导论》,时殷弘译,商务印书馆,2000年,第89页。

是建立在阶级利益相互对立这一基础上的，这就不仅与边沁相区别，而且也比斯密大大前进了一步。同时，边沁功利主义的苦乐思想也对经济学产生了深远的影响，是效用思想产生的直接伦理根源。从戈森、杰文斯到马歇尔，古典和新古典经济学家都从边沁的思想中汲取源泉。杰文斯在其著作《政治经济学理论》的序言中明确写道："在本书，我尝视经济学为快乐与痛苦的微积分学。"①

边沁之后，其得意门生约翰·穆勒于1861年出版了《功利主义》一书，力图在保留功利主义基本原则的前提下，对边沁功利主义的激进性作了修正。穆勒提出了快乐存在的质与量两个层次：心灵的快乐超过肉体的快乐，理智的快乐胜于感官的快乐。依照"最大幸福原理"，"功利主义的终极目标即其他一切渴望之事的参照点和归宿（无论是考虑自身的善还是他人的善），就是让生活尽可能远离痛苦，尽可能丰富快乐（不论是在量上还是质上）"②。这样一来，边沁的主观价值原本还具有的客观化倾向，再次被附加了大量的主观性评价因素。如果说边沁的快乐计算是基于一种纯粹的数量关系，穆勒关于快乐有质、量之分的观点就更直接影响了后来的序数效用论，对微观经济学中的偏好理论也具有启发意义。发端于边沁而发展于穆勒的功利主义思想，对日后杰文斯等人进行的边际革命产生了重要影响。

值得注意的是，亚当·斯密在《国富论》和《道德情操论》中所构筑的人性论思想，绝不是传统语境中理解的那种自私自利、利己主义，而只是尊重和承认个体对自己偏好的至高无上的决定权，并认为这种偏好不应受到来自外界的强制干涉。但这一点一直被后人有意无意地误读。

二、劳动价值论中的使用价值与交换价值

在古典经济学时期，劳动价值论主要被用来批判重农与重商主义。

---

① 斯坦利·杰文斯：《政治经济学理论》，郭大力译，商务印书馆，1984年，第2页。
② 约翰·斯图亚特·穆勒：《功利主义》，叶建新译，九州出版社，2006年，第29页。

第四章 文化产业的经济学理论路径

马克思的劳动价值论是对古典经济学劳动价值论的批判继承,并从人学的视角进行了理论扩展。古典经济学中的劳动价值论首次系统而明确地提出了劳动创造价值的理论,马克思视其为一个具有理论革命意义的巨大进步,并因此称亚当·斯密为"国民经济学的路德"。马克思在斯密的基础上发展了古典经济学的劳动价值论,并以之作为自己政治经济学理论的基石。

在《资本论》第一卷的第一篇,马克思首先阐述了商品的二重性,即使用价值与交换价值或自然形式与价值形式。"物的有用性使物成为使用价值。""交换价值则是反映一种使用价值同另一种使用价值相交换的量的关系或比例",其背后隐含一种确定性的东西。把商品的效用与商品的交换价值对立起来,是古典经济学家们在价值理论上犯下的第一个错误。物有效用才被人所需求,然后才被交换,因此,效用是交换的物质基础或必备条件。既然交换在这基础上或必备条件下才能进行,那么效用与交换根本不是什么两重性的关系问题,而是因果关系问题。因为存在效用,才有交换这一行为,而不是说对商品而言,效用是一种属性,交换又是一种属性。举例来说,面包是食物,有效用,因此才可以自己吃,也可以拿去送给别人吃,还可以用来喂鸟、喂牲畜,还可以拿去交换,换回别的东西。自己吃、送给别人吃、喂鸟吃、喂牲畜吃、交换别的东西,这都是基于面包效用基础上的使用方式,它们之间没有质的区别。把商品的效用和基于效用的使用方式(交换)看成商品的两重属性,从而把效用和利用效用的行为方式并列起来、对立起来,让人似乎觉得这是一种可以分离的、彼此独立的特性。在马克思看来,效用与交换可以是独立的、并列的关系,所以在这里他毫不犹豫地把"使用价值"抽掉了,剩下交换价值。马克思应用具体到抽象的办法,将使用价值撇开,最终将之还原为"无差别的人类劳动"这种具有始源意义的东西。与商品的二重性对应的是劳动的二重性,即抽象劳动和具体劳动。前者即无差别的人类劳动,创造商品的价值;后者即有用的、有目的性的劳动,创造商品的使用价值。同时,马克思也揭示了"商品拜物教"的特征:"商品形式在人们面前把人们本身劳动的社会性质反映成劳动产品本身的物的性质,反映成这些物的天然的社会属性，从而把生产者同总劳动的社会关系反映成存在于生产者之外的物与物之间的社会关系。"①。

马克思与以往西方经济学家最大的不同在于，他把自己的使命定位于不仅仅是解释，更重要的是揭示资本主义经济体制的内在结构和规律，对现存的一切进行无情的批判。虽然马克思并没有从传统分类学科意义上构建哲学、政治经济学、社会学以及美学的理论，但是他数十年中对这几方面的研究和批判，使他对人的全面自由发展（人的解放和人的幸福）的关注，已经大大超越了理性逻辑的学科建构本身。并且，他从人的现实劳动的实践出发形成劳动价值理论，来考察人在社会中的异化状况，寻求实现人的全面自由的现实途径，可见马克思学说在本质上的批判性和进步性。马克思所处的时代正是西方近、现代过程中深度发展的拐点。在此之前，宗教革命、政治革命和工业革命的出现，使资本主义制度与意识形态日趋成熟，自由资本主义开始向垄断资本主义过渡。与此同时，生产的社会化与生产资料私有制之间的矛盾日趋尖锐，导致了大规模的阶级冲突的出现，资本主义的生产模式开始显现出对人的创造活动的本质的否定。马克思对拜物逻辑的批判是对现代性逻辑的深刻揭示，也是对现代性背后所关涉的人类的遭遇和未来命运的人文关怀与思考。

随着经济社会的实践发展，劳动价值论也出现了日益突出的矛盾与挑战。人们认为马克思忽视了经济学中供求关系的重要性，忽视了需要和消费，把他等同于古典经济学家。但其实，马克思劳动价值论的着力点在于解释资本主义运行的制度性的规律，而不是价格波动的供需问题。

交换价值对使用价值的超越乃至背离，受到后现代理论家们的批判。德波在《景观社会》中对此评论："交换价值仅仅作为使用价值的代理人才能出场，但依靠它自己的武器最终所取得的胜利为它的自治权力创造了条件。通过动员全部人类的使用价值并垄断它的实现，交换价值最终成功地控制了使用价值。根据交换价值的有效性，使用价

---

① 马克思:《资本论》（第一卷），人民出版社，2004年，第88—89页。

值变得纯粹是被观看的,并且现在它已完全被交换价值所摆布。作为使用价值雇佣兵出发的交换价值,为了自己的缘由而终结了它发动的这一战争。"① 对阿多诺来说,交换价值的支配作用不断增长,不仅消解了物品原有的使用价值,并代之以抽象的交换价值,而且还让商品自由地发挥自身的代用品的功能或者说次级的实用价值,这即是鲍德里亚后来所指的"符号价值"。交换价值取代了使用价值,文化工业的产品变成了一种商品拜物教,原来支撑着商品的双维结构变成了单维,文化商品因此被抽去了所指(使用价值),而变成了没有实际意义指涉的空洞能指,从而进一步具有了马克思所说的"幽灵般"的特征。

三、边际效用价值论

19世纪下半叶,经济学的关注对象一步一步地从生产者转向消费者。1871年,经济学领域出现了边际革命(marginal revolution),杰文斯、瓦尔拉斯、门格尔几乎同时发现了边际效用,自此经济学划分为古典经济学与新古典经济学。古典经济学以劳动价值论为基础,注重生产、供给;新古典经济学以主观效用论为基础,注重消费、需求。杰文斯、瓦尔拉斯和门格尔分别深受英国功利主义-经验主义哲学传统、法国笛卡尔哲学思潮和德国新康德主义哲学思潮的影响,相互之间没有学术沟通,甚至语言都不同,却殊途同归地"重复发现"了边际效用,开启了一场知识论意义上的范式革命,使经济学从古典经济学关注的生产与供给过渡到现代经济学强调的消费和效用。效用理论在穆勒1848年出版的《政治经济学原理》一书中就已经被采用,因此算不上是新的理论贡献,而是一种理论的明确与深化。

杰文斯是边际效用论的奠基人之一,也是用数学方法研究经济学的首倡者之一。与其他主观效用论者相比,杰文斯最大的特点在于他对效用概念作了比任何人都更多的论说。虽然他没有提出"边际效用"

---

① 居伊·德波:《景观社会》,王昭风译,南京大学出版社,2007年,第16页。

这一学术名词，但其"最后效用程度"的提出还是被公认为是边际效用的别称。杰文斯认为，经济学研究的问题就是人如何以最少的代价去获取最大欲望满足的学问。所谓欲望的满足，换句话说，就是把快乐感增加到最大程度。因此，他把度量快乐与痛苦标定为经济学的根本任务。这与传统经济学把研究对象界定为国家财富的生产和分配已大异其趣，从而开创了把经济学作为一门纯粹的技术性科学来研究的先河。他把经济学与社会演进、历史发展、国家贫富、财富占有和分配、制度设定等社会内容都隔离开来，使之变成对纯粹的心理物理量和函数的增减关系的度量。于是，我们也就不能期望自杰文斯以后的边际效用理论能给我们提供任何关于社会发展变革的深刻的经济分析了。效用指事物的一种性质，一种能够生产利益、快乐与幸福的所固有的性质。尽管不甚科学和严密，但有一点是可取的，这就是杰文斯把效用看成物的属性：因为有了这种客观属性，物才被人所需要，成为满足人需要的材料。人们在这个问题上最容易步入的歧途就是混淆人的需要感觉与物的效用。人没有食物、衣物时，产生的饥饿、寒冷都是人的感觉，有了食物与衣物时，饱、暖也是人的感觉。人的感觉不是物所固有的属性，可是习惯上人们却常常把物的属性与人对物的需要的感觉搅混在一起，这样一来，效用到底为何物就说不清楚了。其中的道理解释起来其实并不难。饱、暖虽然是人的感觉，但只有物才能使之实现。所以，止饥、止寒的是物，是物的功能、属性才能做到这一点。一个人一无所有，是不能止饥、止寒的。物有解除人的饥寒的能力，这个能力就被人称为效用，而不是需要本身是物的效用。效用是物所固有的，不是人赋予的，但却是被人所感知的，被感知的物的属性、功能就叫效用。与杰文斯相反，门格尔几乎没有明确的效用概念，他把效用与财富、财产混淆起来，用"财货"一词来表示。在他的《国民经济学原理》中用了几乎三分之一的篇幅谈他的"财货"理论。门格尔指出，价值在其决定上是主观的，不同的"财货"的价值大小是因为它们在满足人类福利的实现时有大小之分。

马克思劳动价值论中的"使用价值"与西方经济学中的"效用"存在着关联之处。马克思将"使用价值"定义为"物的有用性"，"决定于商品体的属性，离开了商品体就不存在"①。从主观角度强调人具有对物的某种需要，即是效用；从客观角度强调物满足人需要的属性，即是使用价值。因此，可以说效用与使用价值指向的是同一个问题的两个方面，效用是商品使用价值的主观表现。效用函数仅仅是揭示"经济人"使用价值满足度的一个简单指标，而人作为一个复杂的生命体还有很多需求层次，只有将这些需求层次综合起来的感受才是完整的感受。古典经济学将一切价值归因于劳动，视劳动价值论为其古典经济学的理论核心，然而，从最初对人的主体性的尊重，在经济实践活动的演变中，却出现了对人的实践活动的异化，劳动者从价值的创造者沦落为生产的工具。这是马克思所要批判的，同样也引发了其后的新古典经济学理论的批判，在经济学中亟待着人性的复位，人的主体性的回归。至此，从经济学理论乃至经济实践，都实现了从以生产为重到向消费倾斜的观念的转变。

在审美经济时代，人们比以往任何时候都更加注重商品的精神价值，正如韦尔施所说："审美氛围是消费者的首要所获，商品本身倒在其次。"② 诺贝尔经济学奖获得者斯蒂格勒和贝克尔在1977年发表《偏好是无可争辩的》一文，其中以音乐消费为例，认为在消费商品的过程中，边际效用的产生与消费者既往的消费量以及对商品的接受程度有关联，对商品的接受程度又与此前对该商品的消费量呈现函数关系。以音乐消费为例可以看出，审美消费具有路径依赖性和自我强化的功能。审美消费和对审美品位培养的投入呈正相关性，审美消费中资本的投入和消费是相互促进的。

四、多元的价值论与审美价值

劳动价值论侧重从生产方面概括价值特征，效用价值论侧重从需求方面概括价值特征，二者虽然在现代性内部是对立的，但都是一元

---

① 马克思:《资本论》（第一卷），第48页。
② 沃尔夫冈·韦尔施:《重构美学》，陆扬、张岩冰译，上海译文出版社，2006年，第6页。

价值论,劳动价值论与效用价值论具有同一性。

价值论方面的争议由来已久,几乎与主流经济学的历史一样长,问题主要在于价值的定义不同。自马歇尔之后,主流经济学已不再使用边沁的"主观价值"概念。效用价值实际上也是客观的价值,其价值可通约就是其客观性的表现。而"主观价值"不可通约,既不属于使用价值,也不属于交换价值,而是使用价值和交换价值之外的第三种价值。"主观价值"最大的特点就是"以人为本",也就是说,其价值不是建立在社会必要劳动时间这样的客观条件上,而是在于人的体验,卡尼曼称之为体验效用,边沁称之为快乐,帕累托称之为福利,鲍德里亚称之为象征价值,伯梅称之为升级价值,也被称为审美价值。在本书的审美经济理论框架内,将这个第三种价值称为审美价值。

在劳动价值论中,商品是为交换而生产的劳动产品,是同时具有使用价值和交换价值的产品。其实,劳动不仅是制造使用价值和交换价值的活动,也是制造审美价值的活动,即商品的审美价值是其交换价值的重要因素。从价值增殖角度来看,传统经济学认为,只有生产使用价值才是商品价值增殖的唯一途径,而忽视了商品审美价值的增殖作用。但在商品生产中,创造审美价值的劳动耗费也凝结在商品之中,计入商品成本,成为整个商品生产劳动的组成部分。所以,审美价值创造是商品价值增殖的有效途径,也是使用价值的重要因素。因此,伯梅称审美价值为升级价值,是使用价值与交换价值之外的第三种价值。这样便可以解释如知识经济、文化经济、体验经济(包括审美经济)等新型经济中出现的一些传统二元价值论无法解释的不等价交换现象。新经济形态中的行业常常具有初始投入大、边际投入少、边际效益在一定技术条件下递增的特点,这种特点适合发展与个性化密切相关的差异经济、大规模定制,而不是传统工业化的批量生产。这在现象上表现为:生产者以较低的成本,生产出一定规模而又不一样的东西,来满足不同用户的不同口味。假设订制的产品只生产一件,只对应一个用户,这种情况在文化艺术这样的精神领域常常出现,此时第三种价值(审美价值)将成为最重要的定价方式。一人一价(如艺术品拍卖）也完全有可能实现。

在审美经济中，有用的技术与令人愉快的技术之间的差异似乎消失了。审美经济以一种新的价值类型（即商品的升级价值）的出现为特征。然而，这实际上是一种使用价值与交换价值的混合物：它将商品的这些特征转化为服务于营销市场的使用价值。审美价值作为商品除使用价值与交换价值外的第三种价值，是影响商品价格的重要因素。审美价值与交换价值的关系可能发生此消彼长的变化：当交换价值相等时，审美价值不一定相等；当审美价值相等时，交换价值不一定相等。在价格形成的过程中，交换价值围绕审美价值上下浮动，而不是审美价值围绕交换价值上下波动。这实际上是另一种意义上的等价交换，只不过等价的"价"并不是传统意义上的交换价值，而是审美价值。期望理论（expectancy theory）可以解释这种价格形成的机制。期望理论又称为"效价-手段-期望理论"，由心理学家和行为科学家维克托·弗鲁姆提出。期望理论认为，在经济实践中人们确定的价值，往往不是围绕着理性的交换价值上下浮动，而是将理性交换价值放在个人选定的某个价值参照系中，根据个人的经验作出价值选择。在审美经济中，审美价值就是这个价值参照系，每个人的审美经验和审美品位不同，对商品中所含审美价值的预期也就不同，这可以用来说明文化艺术产品定价的依据。

审美经济时代，在价值论上可以说经济学产生了一次从以资本和效益为追求，并对其进行单纯的工具性的理论研究，向以人为本，以人全面实现快乐与幸福为价值目的的转向。因此，西方经济学界有观点认为，新经济形态中的价值动因的改变，是经济学两百年来最大的一次价值转向。

第二节　经济行为中的理性与非理性

关于古典经济学的范围，经济学说史上有不同的界定。马克思认为："古典政治经济学在英国从威廉·配第开始，到李嘉图结束，在法国从布阿吉尔贝尔开始,到西斯蒙第结束。"① 古典经济学兴起之日,正是西方近代经验主义和理性主义、自然法和功利主义及人道主义哲学盛行之时,古典经济学家正是在同时代的哲学的影响下进行经济研究,建构经济学体系的。

帕累托明确提出"经济人"(homo economicus)的概念,并将其作为经济分析的前提假设。"经济人"假设的实证化在19世纪70年代的经济学边际革命中达到了高潮。"经济人"这一概念受到包括经济学家在内的众多社会科学家的批评。对"经济人"假设的强调,在经济学中只张扬了人性中的功利方面,而忽略了人性中的美与善,即亚当·斯密倡导的"道德人"。为了应对这些批评,20世纪20年代以后,主流经济学家逐步用"理性人"概念代替了"经济人"。经济学领域也在降低"经济人"假设在整个经济学理论体系中的位置,不再把它作为理论根基或逻辑支撑点,而只是作为构建经济理论的一个切入点。

一、"理性经济人"假设

亚当·斯密在《国富论》中对国民财富的研究是从分工入手的。他既充分肯定了分工对生产力的作用,把分工看作提高劳动生产率的手段,又看到了分工给社会造成的不平等和人的异化等弊病。斯密无法正确说明分工的缘由及分工与交换的关系,为了避免陷入循环论证,虽然没有明确提出"理性经济人"的概念,但他的理论暗含了该假设的框架模型。斯密认为,人类有"互通有无、物物交换、相互交易"的倾向,这种倾向是出于利己本性。在他看来,人是有利己心的,但又是有理性的,每个人虽然追求的是个人利益,但是每个为自己利益打算的人不能不顾及其他为自己打算的人的利益,从而就自然而然地产生了相互和共同的利益。因此,他认为,个人利益不仅不同社会利益相矛盾,而且是一致的。在他看来,单个资本家在从事投资时所考虑的只是个人利益,结果却最能增进社会福利。斯密"理性经济人"

---

① 马克思:《政治经济学批判》,人民出版社,1976年,第36页。

第四章 文化产业的经济学理论路径

的假定又与他的"看不见的手"和关于"自然秩序"的思想一脉相通。

作为一种高度抽象的历史理性模型,"理性经济人"受到17、18世纪理性主义哲学传统的影响,并由亚当·斯密首先提出和加以使用。这种貌似简单的"经济人"模型不仅是解释人类经济行为的一把钥匙,也是一个庞大的经济学体系的重心和支点,它为经济学理论走向科学作出了重要的贡献。但是,自斯密以后近两百年来西方经济学方法论的发展,其主流学派的一些代表人物把这种理性研究范式加以泛化和曲解,夸大理性假设的逻辑意义,并上升为一种思辨因素,从而筑起了现代唯理性主义方法的窠臼。理性被理解为一种数学计算,即追求边际效应的工具,"经济人"被转化为一种理性选择概念,即目标函数的极大化值。这种方法实质上产生了如此导向:撇开交易契约的个人行为,注重理性工具的纯逻辑选择,甚至于否定作为交换过程或制度环节的市场属性,而仅仅把市场视为一种计算手段和机械结构。"边际革命"时期,大量运用数学分析的主要是杰文斯、瓦尔拉斯、帕累托、埃奇沃斯等人。第二次世界大战结束以后,西方经济学的中心由英国转移到美国,在当代西方经济学各流派中,大量运用数学分析的主要是新凯恩斯主义学派,在新凯恩斯主义经济学派中,又主要是美国凯恩斯主义学派。

然而,现实的人是有血有肉的人,是有激情、有欲望、有习俗、有情感、有意志、有思想的人。他的思想和行为,主要受自身欲望、需要及利益的驱使。人的生存与发展,一刻也离不开人的自身欲望和需要。人的欲望属人的非理性层面,它不同于动物式的本能欲望,它不管显得多么潜在和原初性,但它的确是驱动人的一切活动和行为的根本动力。照此理解,市场的存在与发展和现实人的欲望、需求相关联,市场的需求信号说到底也就是人的欲望、利益、需要及其满足程度的信号。现实的人有着完整的精神整体结构。人的精神结构大致分为生理层面、心理层面、意识层面。其中,生理层面是人的精神产生的自然物质基础;心理层面统括感觉、知觉、情绪、意念、人格等,是人对于外部世界的初级反映形式,也是精神构成的基本内容;意识层面包括人的观念及其观念体系,它是人的精神结构的高级形态,是精神构成的最核心的内容。因此,无论是个体存在的人,还是群体存在的人，其精神都是一个不可分割的整体。其中有较为完善的整体和不甚完善的整体，有人的理性方面和非理性方面，理性建立在非理性基础上，而非理性也受到理性的制约和关照。

二、经济学中的人文关怀

古典经济学家虽然也看到了人的欲望、习俗、情感的存在，但这些都被理论分析的"经济人"抽象所遗弃，理性是"经济人"的全部内容，非理性则是"经济人"的外在形式。实际上，人的理性与非理性在任何情况下都是不可分割的辩证统一体。人的情感等非理性因素是超出所谓"经济人"的理性假设的。

哈耶克从思想史的角度提出："对于亚当·斯密及其信徒的个人主义的许多误解当中，最突出的一点就是人们普遍认为，他们发明了'经济人'这个可怕的字眼；人们还认为，由于他们的结论是根据严格的理性行为假设以及错误的理性主义心理学得出来的，因此，这些结论有很大缺陷。但是实际上，亚当·斯密及其信徒们根本没有作此假定。"[①] 在亚当·斯密以《国富论》和《道德情操论》共同构筑的庞大的人性体系中，理性和激情共同决定着人的行为。诚然，通过教育的手段可以驯化激情，但是激情无法从根本上克服，教育只能疏导欲望而不能压抑和消弭欲望，人对自我生命的保存正是欲望和激情的选择。建立在这种广泛的人性上的社会基础，远比建立在少数人的精英理性所划分的等级上的社会基础要高明和稳健得多。亚当·斯密的"看不见的手"理论就是建立在这种对自然秩序的推崇的基本态度上，认为人类行为的根本推动力是内在的激情——人性，而其产生的后果可能是始料未及的，但是这种后果在整体上却可能是有利于社会进步和福祉的，就像一只无形的手在推动着每个人依照其自然本能做事，这只"看不见的手"可以达到"自利而利他"的目的，结果能够形成最有效的社会制度安排。当然，亚当·斯密并没有明确提出"理性经济人"

---

① 冯·哈耶克：《个人主义与经济秩序》，贾湛等译，北京经济学院出版社，1989年，第11页。

第四章 文化产业的经济学理论路径

的概念,也没有将个体的利己原则无限放大,但是蕴含在他的《国富论》和《道德情操论》中的人性论思想,的确为"理性经济人"的系统化奠定了基础,也为后来穆勒的完整论述提供了机会。

翻开各种近代经济学理论著作就会发现,最早谈及非理性经济问题的是英国庸俗政治经济学的创始人马尔萨斯。他认为,边沁和早期经济学家把人类视为理性的动物,能够用快乐和痛苦的单位计算最大程度的幸福这一理论是违反真实人性的谬误。继马尔萨斯之后,穆勒从经济学推理分析的角度,提出了"干扰因素"这一概念,实际上已暗含着对市场非理性因素的猜测。尽管穆勒在经济学方法论上有着崇尚演绎逻辑的理性分析方法,但他对"干扰因素"会使经济理论的结论出现矛盾这一事实的揭露是颇有价值的。在穆勒看来,经济学家应该把特定的经济动机抽象化,如在受到生计收入限制的情况下使财富最大化、追求闲暇等;但同时又要承认生活中非经济动机(如习惯和风俗)的存在,即使这种生活是属于经济学的一般范畴的。他强调,经济领域仅仅是人类行为的一部分,所以,政治经济学往往做了两次抽象:第一次是对真正受到货币收入推动的行为所做的抽象,第二次是对与"其他方面的冲动"有关的行为所做的抽象。"政治经济学原理被运用于某个具体的事例时,就需要考虑这个事例的所有个别的情况,不仅是考察……这个事例中和研究的问题相对应的情况,而且同样要考察这个事例中可能存在的其他情况,对于任何庞大的或具有强烈特点的事例来说,这情况是不平常的,而且没有落在政治经济学的认识范围之内。这些情况被称为干扰因素。"[①] "干扰因素"经常能揭开我们理论思考中的差异或错误,这种差异或错误向我们显示了我们原有理论基础本身的局限性,显示了在理论所概括的范围之外,还有着不可忽视的重要因素或重要领域的存在。穆勒的分析方法往往把理性方法摆放在政治经济学最为核心、最为基本的方法论坐标上,按此逻辑推论,他提出的"干扰因素"实际上包含对市场行为者存在着理性最大化原

---

① 马克·布劳格:《经济学方法论》,黎明星、陈一民、季勇译,北京大学出版社,1990年,第72页。

则的种种偏离的承认，干扰因素是理性无法直接把握的种种情感、习俗、意志、动机等非理性心理因素的总和。事实上，我们的理性认识经常受到的干扰也是受非理性因素的影响。

新古典经济学家帕累托将经济学中的非理性称为"非逻辑行为"，他把这种行为解释为手段与给定目标没有逻辑关系的行为。尽管帕累托认为与政治经济学有关的行为大部分属于理性行为，但帕累托在其所写的《政治经济学手册》中指出，在实际生活中，逻辑行为与非逻辑行为"几乎是混杂在一起的"。和帕累托几乎同时代的凡勃伦是从非理性的方法论角度构建他的经济理论体系的。凡勃伦的分析方法已不是理性最大化范式的摹本，他从制度分析的角度，强调了制度因素对经济最大化偏离的影响。其思维原点和分析的概念性工具不是"理性经济人"，而是人的本能和人的习惯，这恰恰是哲学意义上的两个重要的非理性因素。

经济学家凯恩斯没有明确提出对古典学派"经济人"教条的批判，但凯恩斯经济理论的革命，明显地包含人学观的革命，从更深层次看，他对经济活动的分析实际上宣告了人的完全理性假设或信息完备性假设是根本不成立的。哈耶克反对那种把个人看成"完全均等的拥有理性"、人类取得的成就不过是"个人理性控制的结果"这一笛卡尔式的理性个人主义方法，认为这种方法乃是人们理解历史现象的一个重大障碍。他说，人类的理性不像理性主义者所假设的那样给定于某个具体的人，或存在于可为其所用的特殊个人身上，它必须被理解为在一种人与人之间相互作用的过程中，任何人的贡献都要受到其他人的检验和纠正。他提倡真正的经济个人主义法，即认为"真正的问题不在于人类是否（或应该是）由自私的动机所左右，而在于我们能否让他按照他所知道的和关心的那些眼前的结果来指导自己的活动，或者能否使他去做看来适宜于那些被假定对这些活动的整个社会意义有比较全面认识的其他人的事情。如果保持每个人都是自由的，那么他们取得的成就就往往会超出个人理性所能设计或预见到的结果"[1]。

---

[1] 冯·哈耶克：《个人主义与经济秩序》，贾湛等译，第14页。

诺贝尔经济学奖获得者赫伯特·西蒙用极为严厉的批判形式把经济学理论研究的程序作了彻底改变：对待传统的"理性经济人"教条给予毫不留情的批判，只是在很小的空间里保留着它的发言权，而把非理性概念作为他的理论体系中一个十分重要的概念，并在此基础上提出了一整套系统的"有限理性"（bounded rationality）的观点。西蒙认为这种理论只能处理相对稳定和与竞争性均衡相差不大的经济行为，无法满意地处理有关不确定和不完全竞争情况下的决策行为。理性本身应当遵循一个可得到好的解答的程序，而不应该用最优解法来定义。经济学家不应当在理性情形中进行分析，而应当把注意力直接指向经济活动和消费者实际遵循的程序上，因此，更应该把经济人看成一个有"组织的人"，而不是抽象的最大化的追求者。他在《现代决策理论的基石》的中文版前言中指出："古典经济理论对人的智力做了极其苛刻的假定，为的是产生那些非常动人的数学模型，用来表示简化的世界。在这方面，近年来，人们已经提出了疑问，怀疑那些假说是否与人类行为的事实相距过远，以至根据那些假说所得出的理论同我们所处的现实状况已经不再有什么关系了。"[①]

三、理性选择与感性体验

值得高度注意的是，亚当·斯密与马克思都把人的目的状态与"美"联系起来。这种联系不是偶然的，它说明以下几点：第一，经典作家的视野超越手段性的效用，共同关注工具理性所满足的最终目的，他们共同把美同人的目的性联系在一起；第二，将美内在地联系于经济，说明经典作家高度关注人的目的的感性特征。尤其对于马克思来说，这种感性是超越于理性工具价值之上的感性。我们称之为超感性，它与体验是共通的。在马克思那里，当美同人类的目的相联系时，已经不是一种简单的感性，不是农业社会那种经验式的感性，而是扬

---

① 赫伯特·西蒙：《现代决策理论的基石》，杨砾、徐立译，北京经济学院出版社，1989年，"前言"。

弃——既肯定又否定——工业社会工具理性价值后，在更高意义上进入的感性状态。理性存在于必然王国，理性加感性形成的超感性存在于自由王国。由此看来，人的自由而全面发展就不光是一种理性状态，而是具有超感性特征的自由状态。在卡尼曼的理论中，有非常明确的意识，表明体验这种感性不是经验的感性，而是超经验的感性。

最早对新古典经济学理性主义思想进行反思的是西蒙，他提出以"有限理性"和"满意度假设"代替"完全理性"和"最大化假设"，用满意原则取代最佳原则。理性主义思想认为，只要可能，最佳选择会取代满意选择。然而在新经济条件下，满意选择高于最佳选择，也就是说，即使有条件按最佳原则进行选择，但仍可能按满意原则行事。最佳原则实际上是效用最大化原则；满意原则实际上是价值最大化原则。满意是对意义价值的满足，最典型的就是有钱与快乐的关系。在新古典经济学的理性中，有钱与快乐是一回事，有钱就一定会快乐；但是经济现实中，有钱不等于快乐，快乐要高于有钱。新古典经济学对于理性行为的描述多定位于人与物之间的关系，而现实生活中的经济实践往往涉及人与人之间的关系。在一个相互联系的世界中，每一个人都是对方的理性计划中的他者，当双方都按照"理性经济人"的最大化原则行事时，可能会适得其反，偏离最优状态。对这种状态描述得最为形象的模型是博弈论中的"囚徒困境"模型。作为现代数学发展的一个重要分支，博弈论思想的引入，打开了经济学及其方法论的一片新天地。从历史主义的范式分析或方法论分析来看，博弈论的最核心部分还是与新古典经济学保持着高度一致的，也就是经济理性人基于个人本位的效用最大化。但是，博弈论同时深刻反映了关系论的某些特点，诸如"囚徒困境"这样的经典案例所揭示的正是一种理性的悖论——个体理性的张扬最终损害了整体的效用。一次博弈的均衡可能使得所有的博弈者都不满意，集体行动的逻辑并不是个体动机与效果的简单叠加，这是与新古典经济的理想均衡状态有一定区别的。

经济学家以博弈论的赌徒心态和所谓的"囚徒困境"来研究经济活动中人的行为。其中，涉及的重要假定是"有限理性假定"。该假定表明，人虽然想把事情做到最好，但人的智力是一种有限的稀缺资源，因此，就难以面对复杂的、不确定的交易环境，信息不对称和私人信息的重要性成为当代经济学重视的问题。"有限理性"为感性、情性留下了地盘。因为人总是在"有所不知"中想象、揣测、虚拟、决定，所以，人的感性的复杂性、情感的多变性，尤其是诸如意识形态、文化教养等方面造成的人的差异性、价值偏好，就使"看不见的手"失去了明确的指向。在一次性博弈中，个人（自然人）经验的是一种无框架、无记忆、无理性的极端过程。而在重复博弈中，规则、记忆、理性等的共同知识被卷入进来，其进一步地沉淀则可能导向制度和理性。博弈论对动态、重复、过程的强调，是对经济学理性主义极大化假设的挑战。如果继续坚持个体理性的"极大化原则"，以保证经济学理性主义的逻辑自洽性，就必须接受"帕累托无效"的结果；反之，如果坚持"帕累托最优"，则"囚徒困境"状态下的"理性经济人"的逻辑自洽性就得不到满足。以博弈论为代表的理性更加贴近经济实践的现实，同时也更深刻地揭示了经济主体在行为相互作用中不断学习进而达到合作共赢的可能性。因此，经济中的"投机"与"偶然""不确定"，与人的感性、情性的多变，以及"事物"的"感性"丰富性、复杂性密切相关。这似乎说明了经济学的"数字化生存"，把一切事物用"物的神经"——金钱来控制，是一种向"不可能"挑战的行为。总有无法解释也难以解决的问题，是因为经济中的各种象征、意义，各种情感纠葛、心灵交锋，牵涉到了人类精神的全部领域和人类文化的深广方面。所以，经济学有它的艺术方面、审美维度，其需要激情与想象并不下于需要"经济人"的理性。

理性选择指向效用最大化，感性选择指向价值最大化。经济在现代性进程中得到突飞猛进的发展，生产功能让位于消费的享受功能。在超越了基本的生存需求之后，消费成为一种代表身份、地位的符号交换系统，具有了超越个体之上的沟通与交换结构，个体从而失去了自身的自为、自主的目的性。感性选择是由感觉、知觉等感性思维主导的选择行为，理性选择则是由分析演绎和逻辑推理等理性思维主导的选择行为。感性选择与理性选择并不是完全对立的，理性选择要有经验作为基础，感性选择需要一定的理性机制作为中介保障。人是有着丰富感情生活的高级生命形式，情绪、情感是人精神生活的核心成分。在具体的现实生活中，人的情感有时表现为高级的思维性情感，如审美感、道德感、正义感、崇高感等，也不可把它完全表述为理性情感。尽管这些情感的内容掺杂着理性因素的成分，但其表现形式仍然是非理性的，情感的表现与理性的认知毕竟不同。奈斯比特在其著作《大趋势——改变我们生活的10个新方向》中预测21世纪是"高科技与高情感相平衡的时代"："我们社会里的高科技越多，我们就越希望创造高情感的环境。"① 另一位著名的未来学家阿尔文·托夫勒也曾说一个高科技的社会必然是一个高情感的社会②。社会越是向高科技发展，越要从更高层面上满足人们心理、情感及精神上的需求，这就是"高科技与高情感"模式的原理。高科技与高情感要平衡，发展文化产业既是经济形势之所趋，也是人自身的利益之所在。理性之车只能行走在工具性的此岸，只有通过感性之舟才能摆渡到目的性的彼岸。

四、回到边沁，超越边沁

从根本上说，理性选择与感性体验的结合是经济学现代化转型的必然要求。经济学对情感的忽视，源于工业化进程中对理性的独尊，因为工业化的理性价值与情感这种感性价值存在实质性冲突。取舍的结果是在工业化中形成的主流经济学自然要维护工业化的核心价值，即理性价值。所以，在整个工业化运动中，人们不再把效用当作引致快乐的手段，而是把效用本身当作追求的目的。扩大到宏观含义上，最大幸福概念也就被偷换为最大效用概念。此时的主流经济学，已经"忘记"了亚当·斯密等古典经济学家对效用的最初看法。工业化完成后，"快乐"这种终极状态价值在"升值"，而"有钱"这种中间状态价值在"贬值"。人们开始发现工业化对理性的强调、以效用取代快乐，隐含着一个最近被行为经济学家们证伪的命题，就是"有钱即快

---

① 约翰·奈斯比特：《大趋势——改变我们生活的10个新方向（简明本）》，姚琮编译，科学普及出版社，1985年，第14页。
② 参阿尔文·托夫勒：《未来的冲击》，蔡伸章译，中信出版社，2006年。

乐"。在这个命题中,"有钱"是效用和效用最大化的通俗指代;"快乐"是幸福和福利最大化的通俗指代。这个命题的经济学含义是:快乐依附于效用。有效用就有快乐;只要效用最大化,快乐就最大化。

针对效用与快乐的倒错,卡尼曼提出在价值分析上从马歇尔"回到边沁"的纲领,主张改变只分析效用、不分析价值的西方主流经济学,像边沁那样既分析效用又分析价值。效用不是物,而是人对物的使用价值的评价。卡尼曼提出"体验效用"概念,要求恢复效用的幸福内涵,呼吁"回到边沁"。卡尼曼的价值模型相当于"两点定价理论",也就是双系统理论,即人类有理智和感性,这两点就是普遍性和个性化相结合。卡尼曼区分了两种不同性质的效用,一种是自马歇尔以来作为"理性经济人"假设的价值基础的效用,即现在主流经济学定义的效用,包括基数效用与序数效用;一种是边沁原意中的效用,即反映快乐和痛苦的效用。卡尼曼将后者称为体验效用,并把这种效用作为新经济学的价值基础,也是一种对以人为本的观点的强调。两种效用在哲学意义上就是目的与手段的区别。西方主流经济学所主张的效用强调以效用为目的,以人为手段;卡尼曼所说的边沁体验效用则强调以人为目的,以效用为手段,也就是马克思所说的人的"异化"与"复归",复归指人的目的与手段之间的和谐。未来理想社会要实现从人的手段向人的目的的复归,即人的自由而全面的发展。可以说,这是对边沁的"快乐(幸福)"的一个历史性的概括,是以人为本、为人类谋求幸福的理论源泉。

卡尼曼和亚当·斯密分属于两次现代化,亚当·斯密时期的现代化主题是富裕,认为国富之道在于个人自利进而达到利他的目的;卡尼曼在目前审美经济时代的现代化主题是幸福,认为幸福之道在于人人追求自己的快乐从而实现整体社会的幸福。当追求幸福效益的最大化成为新经济学的基本目标时,文化创意产业理论则更应突破传统产业理论的局限,更多地研究文化创意产业的特殊性,即它在审美经济时代的本质特征。经济学的审美转向,显然不是要改变经济学的学科性质,把它真的变成美学,而是向传统经济学提出一个善意的提醒:如果国民经济体的一半以上,如休闲、娱乐、游戏、影视等产业都已经同感性联系在一起,那就不应再执迷于牛顿时代的机械理性,而要重视"感性学"。

文化产业的本质就是制造梦想,生产意义。人类的梦想及与之相关的审美价值,传统上是美学研究的课题,但随着21世纪以来文化与经济的汇流趋势日益明显,这些曾经被视为与经济不相干的超功利、无目的的审美因素,也渐渐进入了经济学家的视野。与此同时,大众消费、日常生活和产业经济,特别是"审美经济"也引起许多美学研究者的兴趣。

第三节 文化的生产与消费

工业革命使人类社会的生产效率达到了从未有过的高度,但与此同时,人类的生活世界也被技术与机器所架构,从而人的主体性逐渐被技术与机器所削弱。机械化大生产需要劳动力自身的工作效率大幅提升到适应机器的生产效率,"泰勒制"的管理方式与制度也因此出现,人类越来越对技术与机器产生依赖,人自身的主体性和内在价值也不断被侵蚀与消耗。

一、从福特制到后福特制的生产方式

福特主义生产方式源于美国企业家福特。福特发现,生产中产量的提高与工人工资提高以带动消费水平提高之间的关联,提出了一种新的资本主义积累方式,就是提高工人工资,推动群众性大规模消费,从而拉动标准化大众消费品的大规模流水线生产。这种积累方式最初曾引起很大震动。商品生产的工业化激励了能产生相对剩余价值的技术的发展,提高了生产效率,从而提升了利润,尤其是形成了机器生产和大工业生产。相对便宜的大规模生产出来的物品,尽管单件商品带来的利润较少,但是可以通过大量的销售实现更多的利润,大批量生产和利润率决定了工业资本特有的使用价值。不过,使用价值的创

第四章 文化产业的经济学理论路径

造只是实现变现目的的手段而已,资本在将使用价值变成附属。大量没有商品名称的、毫无特别之处的日常产品只意味着平庸的使用价值,起决定作用的将是通过形式、生动形象和语言等方式进行装饰从而形成品牌特征的商品美学。在商品美学中,商品不再注重使用价值,也不再具有商品美学中所承诺的它应该具有的价值,消费者陷入了一种沃尔夫冈·豪格所说的"坦塔罗斯的幸福",可望而不可即。

福特的独到眼光,使他意识到生产与消费之间的关联,生产规模的扩张也可以带动大众的消费,即生产可以促进再生产。这一点最终使福特制与泰勒制区分开来。这也许是加快消费的周转时间的需要,而导致重点从商品的生产(其中的大部分,如刀叉,有很长的使用寿命)转移到事件的生产(如周转时间稍纵即逝的展示活动)。福特提高工人的工资并非出于对劳苦大众的怜悯,而是当工资提高后,员工的生活水平提高了,也自然就有了相应的消费能力,员工收入的增加会使其有更多的对福特汽车的购买力,福特汽车的销量也自然就会提高。福特的行为在美国工业界轰动一时,之后又扩展到其他家用消费品领域,逐渐成为一项制度性的工业生产措施。福特主义的贡献是使工薪阶层的普通劳动者可以购买得起曾经认为奢侈的消费品,不管是穷人还是富人,都用消耗不断增加的收入去实现不断生发出来的梦想与欲望,享受消费带来的愉悦。同时,与福特主义生产方式相适应的是广告宣传业、企业制度以及个人信用制度等方面的创新。值得一提的是,分期付款的购物模式更加促进了大众对商品的购买力与消费欲望。因此可以说,美国在20世纪20年代已经步入了大众消费社会。

"福特主义"这个理论概念最早是意大利学者安东尼·葛兰西提出来的。经过法国调节学派的理论发展,20世纪70年代后期,"福特主义"概念有了一种新的诠释,他们把生产领域的变化同社会其他领域的相应变化联系起来,作为一个有机的统一体加以研究。总体而言,"福特主义"显示了资本主义的一个特殊的历史形态,也就是资本主义工业化大生产时代的特殊形态,这个时代始于20世纪20年代,持续了50年,直到70年代出现危机和转折。70年代"石油危机"以后,"福特主义"的供给和需求之间出现问题,最初表现为标准化的生产程序无法满足日益个性化的消费需求，后来，对很大一部分工业商品的需求下降，"福特主义"工业生产的产品过剩。事实上，需求是有限的，市场已经饱和，"福特主义"用大规模群众消费来拉动大规模流水线生产的积累方式此时已经潜力耗尽，虽然昔日的高档消费品，如小汽车、彩电、冰箱、洗衣机等，在今天可以作为流水线生产的普通商品，进入千家万户，但是，今天的高档消费品却无法在明天进行这种普及销售。生产和消费之间的良性循环已经不复存在。70年代"石油危机"的爆发引发西方国家普遍的经济滞胀危机，此后，为了摆脱危机，发达资本主义国家进入长期的经济结构调整与经济增长的过程。在这些国家，劳动与资本、工人与企业之间的各种关系都发生了巨大的改变。人们努力寻找替代"福特主义"的新的生产和管理模式以及新的资本发展战略。西方资本主义社会的政治、经济、文化等领域产生了相应的变革，"福特主义"生产方式自身原有的一些缺陷与弱点也逐步显露出来。于是，从70年代起，以弹性生产为制度模式的"后福特主义"顺势出现。"后福特主义"的主要特征是针对"目标消费群体"进行小规模、个性化生产，以适应迅速变化的社会时尚和趣味；更加注重工人的个性、创造性以及生产的灵活性。这种生产模式使人们的消费方式相应地发生了改变，人类的消费目标从之前仅对物质商品的关注，发展到对精神享受的关注。此时，消费的含义和地位都发生了重大的变化，全新的符号、品牌、时尚消费取代了过去生产为重的经济发展模式。

随着技术的创新与社会的发展，经济中的生产与消费方式也出现了改变，特别是在进入21世纪后，企业生产日益根据"弹性的专业化"来组织，即生产的组织形式很灵活，生产厂家致力于创新，追求个性化的商品，增强产品生命力。在买方市场，顾客成为上帝，消费呈现出许多新的特点：（1）消费领域中的商品种类越来越多样，时尚的变换以及个性风格，使得商品的差异显得日益突出，在消费中更加追求个性化的消费方式；（2）根据对产品的不同偏好，重要市场空间出现市场细分，消费活动成为社会阶层身份识别的一个重要方式；（3）消费者越来越容易变换消费取向，喜好变化越来越频繁，消费需求日益难以预测，市场中商品受关注的时间越来越短；（4）消费购物成为一种现代活动，消费购物的形式日益多样化，从大型商场购物到网上购物，形成新的消费形式；（5）消费不但是一种基本的需求，而且成为一种生活的娱乐，消费文化成为社会生活的重要内容，体育和休闲消费日益增加；（6）购物和消费场所综合化，超级卖场成为城镇的发展性符号，消费环境讲究个性、舒适和功能化；（7）品牌成为一种图腾，成为一种崇拜，成为大众的一种信任；（8）消费追求时尚，形成消费流派，出现消费趣味的快速更迭与变化；（9）集团和政府采购成为消费的重要力量；（10）消费犯罪的水平和预防犯罪的技术不断更新，如对信用卡诈骗、手机诈骗等各种诈骗的防盗报警技术也加速升级。这些特点就是所谓的"后福特主义"特点。"后福特主义"强调灵活而富有弹性，推动了消费社会中的经济不断增长与发展。在"后福特主义"思想指导下，消费创造出新的生产需求，消费需求激发创新和生产的欲望，消费成为社会发展的重要推动力，对经济增长和社会发展的贡献度明显增加。"后福特主义"时代的消费市场使人类的交换和交流朝着越来越广泛的方向发展，在生产过程、销售方式等方面都展示出弹性制的特点。面对社会生活的这一新形态，列斐伏尔指出，现代社会是一个生产的首要地位已被消费所取代的社会。从前生产的意识形态和创造性活动旨趣已经变成一种消费的意识形态，对于日常生活中的个体来说，控制社会的主导力量变成因时尚与流行而产生的消费心理与趋势。

二、奢侈与炫耀性消费

制度经济学强调制度在经济与社会发展过程中的作用，但经济制度绝非独立存在，一种经济制度成为主导力量，其背后必然有相应的文化观念、社会精神气质和价值体系的支撑和维系。贵族阶层通过对具有示范性的生活方式的建构，来强调自己的特殊身份和地位。这些精神贵族轻蔑大众，以他们的高贵出身为傲，并在服饰、家具陈设、举止行为、个人嗜好等方面显示自己的优越性。总之，从生活的各方面将自己与大众划清界限，彰显炫耀自己。"你实际上得到的不是物品,而是通过物品购买到广告所宣扬的生活方式。而且,由于生活方式在今天为审美伪装所主宰,所以美学事实上就不再仅仅是载体,而成了本质所在。"① 身份地位的竞争是人类生活的一部分。不同的生活方式是社会地位的表现方式。社会地位不是个人能够随意选择的,所以不可避免的现象是,下层阶级的人为了能够象征性地提高自身的社会地位,总是对上层社会的生活方式进行模仿。同样,资本主义社会中的新兴阶级为了获得上层阶级的认可和社会的尊重,也总是竭尽全力地追求和模仿上层阶级的生活方式,在服饰、饮食、住房、出行等方面进行炫耀性消费。桑巴特认为,崛起于封建时代末期的新贵族受到当时历史环境的影响崇尚奢侈,"两个国家的宫廷之间的差异并不比一个国家内宫廷与市区间的差异大"②。

对奢侈的渴求在短时间内传播到欧洲更广泛的阶层,奢侈消费几乎在一夜之间形成庞大的规模,"新兴暴发户们对奢侈品的巨大需求,引发了对享乐的渴求、对快乐和充满虚荣的炫耀的追求,使之像瘟疫一样席卷欧洲"③。这种消费趋势在人类文明中时常发生,其原因有二:一方面是人们追求大量享乐品所带来的纯粹物质快乐;另一方面是想急切地跻身于有教养社会的愿望。这两个刺激奢侈消费的因素——享乐和野心,一起推动着新贵与暴发户们的奢侈需求。西方社会近代的奢侈之风从14、15世纪的意大利阶段,到15、16世纪的德意志阶段,到17世纪的西班牙-德意志阶段,到18世纪的法国-英国阶段,以及19、20世纪的美国阶段,都可以看到平民地位的上升与奢侈需求的扩大之间的紧密联系。对近代社会的经济发展具有重要意义的一点是,除了钱之外一无所有的新晋富翁将大把的钱财用于奢侈生活,而且还要向旧有的贵族家庭传播他们那种物质的、奢侈的世界观,通过这种方式,旧贵族家庭也被拖入了奢侈消费的漩涡中。旧贵族家庭试图在炫耀财富方面与资产阶级暴发户之间求得平衡,又由于经济状况的没落而逐

---

① 沃尔夫冈·韦尔施:《重构美学》,陆扬、张岩冰译,第7页。
② 维尔纳·桑巴特:《奢侈与资本主义》,王燕平、侯小河、刘北成译,上海人民出版社,2000年,第110页。
③ 同上书,第104页。

渐放弃旧的贵族传统，在与富有的新贵的联姻中沉溺于物质主义，变得庸俗化。在前资本主义和早期资本主义时代的文化中存在着这样一个观念，即"体面只适合于花钱而不适合于挣钱"①。

桑巴特独特的研究视角，与凡勃伦在《有闲阶级论》中的观点极为相似。凡勃伦认为，人们一切行为的最根本动机在于追求荣誉。人类从原始社会进入文明社会，随着私有制的出现和货币经济的兴起，金钱成为衡量人的成就与荣誉的重要标准。但有了财富之后，还要通过一定的途径表达出来以显示出优越感。证明的方式主要是有闲、代理有闲、消费、代理消费，前两者主要体现为制度上的繁琐礼节，后两者则是经济上的过度消费。所谓代理，就是指通过豢养与雇佣一批仆役阶层来代替主人享受有闲和消费，比如中世纪时期欧洲的贵妇和日本的武士阶层，在本质上就属于这种代理阶层。就消费行为来说，使用更加精美的物品既然是富裕的证明，那就成为一种光荣的行为；相反，不能按照适当的品质和数量来进行消费，那就意味着屈服和卑贱。金钱的力量能够使人衣食无忧、安闲度日，并且还高人一等，但归根结底，这些生活方式或者说消费方式还需要大量的闲暇时间来学习和实践，因此，有闲阶级的"有闲"本质上最能体现荣誉和地位的特征。

不用于炫耀具体物品的奢侈，仅仅意味着具体物品在个人的目的论中具有价值，而在货币条件下的奢侈，则意味着某种不适当的价值转移。西美尔认为，货币哲学意义上的挥霍者，不是那种无意义的金钱挥霍者，而是用金钱做无意义、无目的性购买的人。表面上看，挥霍性奢侈者试图给人一种对金钱的无视和强烈的否定态度，但这仅仅是一种作秀，其真实意图并不在于凝聚在金钱之中的实际个体需要，而是在于一种被人为附加于金钱之上的想象的需要，比如以此获得的声望与心理满足等。金钱对于奢侈者来说如同金钱对于守财奴一样重要，但这是两个极端，挥霍者手中金钱的价值意义在于把货币转移到其他价值中去的那一时刻。吝啬与奢侈都是一种对价值度量的拒绝，二者处于同一价值序列的两端，一端是占有金钱、拒绝交换物品、只

---

① 维尔纳·桑巴特：《奢侈与资本主义》，王燕平、侯小河、刘北成译，第18页。

享受金钱带来的潜在交换价值并感到快乐,另一端是占有物品、获得所有权、享受其使用价值并得到快乐,中介就是拥有货币然后消耗货币于物质实体之上。吝啬性贪婪者强调占有货币,挥霍性奢侈者强调消耗货币,二者都主要产生于资本主义发展的盛期。在这一阶段,利润与财富高速增长,人们开始逐步放弃早期禁欲主义的苦行僧式的生活方式,相比吝啬性贪婪者,挥霍性奢侈者更注重当下的享受。

凡勃伦所说的有闲阶级其实是一个过渡状态的"阶级",是中世纪解体、资本主义萌芽时期旧贵族滑向没落户的一个中间态。马克思将这一发展过程描述得比较鲜明,称之为阶级结构激烈动荡的时代。在这资本主义自由竞争的激荡一百年中,大资本家沦落为中小资本家,中小资本家破产为无产阶级,无产阶级贫困化而走向革命。这个阶段的有闲阶级,作为旧贵族,虽然阶级的体制基础已经崩塌或正处于崩塌的边缘,但其生活习惯、消费行为却滞后于经济现实的变化,他们因袭了原有的生活方式,表现为炫耀性消费,财富要通过一定的途径表达出来以显示其优越感。后来,这种生活方式固化为一种身份意向的表达,以至于要靠有闲和代理有闲来维持,"仅仅凭借保有财富或权力来获得并保持荣誉,是远远不够的,还必须提出证明。因为只有通过证明,才能得来荣誉"[①]。在任何高度组织起来的工业社会,荣誉最后依据的总是金钱力量;表现金钱力量从而获得或保持荣誉的手段是有闲和对财物的明显消费。"有闲"则可"游戏",成为审美的人;"消费"则为"奢侈",正是摆脱功利而趋向"唯美"的"为艺术而艺术"的桥梁,摆脱功利的基础是"千金散去还复来"的豪情与实力。如果说人在经济上有可能一夜暴富,但艺术与美的修养是不可能在瞬间达到的,由此艺术与美便成了一种炫耀自身文化素养的砝码。

三、消费中的需求与欲望

法国古典经济学的完成者西斯蒙第曾经指出,在19世纪时开始起

[①] 凡勃伦:《有闲阶级论:关于制度的经济研究》,甘平译,武汉大学出版社,2014年,第24页。

飞的经济趋于生产最被需求的但不是最必需的商品。消费需求的发展随着供私人使用的资料的成批生产而增长。关于大规模工业生产终结的讨论，20世纪80年代在西欧社会科学界进行得十分热烈。人们主要从经验事实的角度，以两个论据来论证这个问题。第一个论据是由于运用微电子技术进行生产过程控制，从而引起了"生产减肥"和生产灵活化的发展趋势，使生产能够迅速地适应变化了的销售条件。与这种技术革新互为补充的企业生产的劳动模式也随之发生了变化，即建立了某种程度上的自由支配、权力自主的劳动小组——后福特主义劳动组织的出现。第二个论据是市场上对于高技术的、工业化大规模批量生产产品的需求迅速衰退，人们更多地转向对更高级的产品的需求。与业余活动、旅游文化活动相联系，人们对于服务业的需求也在扩大。于是，在大规模批量生产的基础上，以满足大规模群众消费为取向的福特主义增长模式让位于一种以灵活生产为基础的、以满足多元消费为取向的增长模式。

20世纪60年代以后，西方国家陆续进入消费社会，生产的支配性地位被消费所替代。在消费社会中，丰盛的物品和物质财富的地位凸显出来。正如法国著名的后现代理论家鲍德里亚所说的那样："今天，在我们的周围，存在着一种由不断增长的物、服务和物质财富所构成的惊人的消费和丰盛现象。它构成了人类自然环境中的一种根本变化。恰当地说，富裕的人们不再像过去那样受到人的包围，而是受到物的包围。"① 物的生产和消费不仅是某种使用功能的生产和消费，而且是某种社会文化意义的生产和消费。鲍德里亚写道："消费者与物的关系因而出现了变化：他不会再从特别用途上去看这个物，而是从它的全部意义上去看全套的物。洗衣机、电冰箱、洗碗机等，除了各自作为器具之外，都含有另外一层意义。橱窗、广告、生产的商号和商标在这里起着主要作用，并强加着一种一致的集体观念，好似一条链子、一个几乎无法分离的整体，它们不再是一串简单的商品，而是一串意义，因为它们相互暗示着更加复杂的高档商品，并使消费者产生一系列更

---

① 让·鲍德里亚：《消费社会》，刘成富、全志刚译，南京大学出版社，2008年，第1页。

为复杂的动机。"① 文化产品既可以表现出物质性的一面，也可以表现出符号性的一面。在物质性方面，文化产品预先假定了经济资本；而在符号性方面，文化产品预先假定了文化资本。有"文化"的意味，而且逐渐形成了一种非纯粹的"物品"，消费成为一种"文化"的"符号消费"，文化符号意义越来越被纳入商品生产的范畴；另一方面，"符号消费"意味着现代社会已经超出维持生存水准的消费，而开始加入一些文化的、感性的因素，即消费者的活动开始出现非理性的倾向。在这样的文化经济中，产品最初获得消费者认可和接受的原因往往不是其实用性，而是其表现出来的文化价值，如个性特征、理念的表达等。文化消费其实就是一种文化"价值符号"意义的传递，创意者将自己的文化体验编制成某种编码，消费者则通过解码获得相应的文化体验。

从生理学心理学意义来看，"消费"与"生产"不同，因它由欲望所驱使，并始终伴生着快感与满足作为消费主义时代的文化，并被定义为"符号商品"，它的消费功能基本建立在"欲望"和"狂欢"这两种生命元素或生命仪式的基础上。"欲望"和"狂欢"成为消费社会美学的总体风格特征。"消费主义不在于仅仅满足'需要'（need），而在于不断追求难于彻底满足的'欲望'（desire）。'消费主义'代表了一种意义的空虚状态以及不断膨胀的欲望和消费激情。"② 经济增长的后果之一，是人类能够生产出超出直接需要的商品，它们不但用之不尽地填灌着我们越来越多的欲望，还完成了对生活世界的包围。

---

① 让·鲍德里亚：《消费社会》，刘成富、全志刚译，第4页。
② 王宁：《消费社会学——一个分析的视角》，社会科学文献出版社，2001年，第145页。

第五章

文化产业与审美经济的理论渊源

第一节　审美现代性中的文化产业

审美现代性是现代性问题中的一个组成部分，它与社会现代化进程中工具理性间的对抗关系，构成了现代性自身内在的矛盾。我国美学界从20世纪90年代开始，由最开始的引入西方审美现代性理论，到建构符合中国现代化进程的审美现代性理论，整个美学学术讨论都围绕这个话题而展开。在这一过程中，最主要的理论焦点就在于如何将产生于西方现代化进程中的美学理论运用到中国社会的现代化进程之中。

一、现代与后现代理论

"现代性"的概念不仅是多面的，而且实际上是多声部的。统一的"现代性"概念并不存在，相互对立的观念都聚集于这个标签下，这些概念之间一部分是相互承续的，还有一部分是相互抵牾的。在18世纪，康德与亚当·斯密生活的年代，"现代性"指的是启蒙运动。哈贝马斯谈到现代性是一个未完成的进程时，他指的就是启蒙运动。启蒙就是启前现代之蒙，揭去蒙蔽在现代性外部的愚昧和非理性，将压抑着的"人之为人"的主体精神解放出来。启蒙的目的是把现代性从神秘主义的巫术和鬼魅中唤醒，召唤沉睡在主体内部的现代性要素以重构新的生活秩序。"现代性"在19世纪指的又是另一种运动，此时现代性意味着工业化。在几十年间，一场前所未有的变革以不可逆转的方式改变着世界，从科学技术的飞速前进到社会结构的深刻变迁，工业化带来了现代化空前的成就。同时也存在着与其相对立的观点，比如对波德莱尔来说，"现代性"指的不是高度增长的工业化，而是指由短暂的、稍纵即逝的事物引起的微妙兴奋感。两种相反的观念共存于"现代性"这个标签之下。"现代性"曾经表现为理性对神性的颠覆，但随着理性对世界的吞噬,理性自身被塑造成一座新的神祇,成为需要被再一次颠覆的对象。在20世纪,各种不同的"现代性"概念纷繁比肩,后现代的各种概念也层出不穷。极端的理性主义丧失了自我而进入一种工具理性的标准化大生产过程,两次世界大战和奥斯威辛集中营、核武器等让人震惊,这才有了后现代主义思潮的肇端。

费瑟斯通对现代化与后现代化的一组相关词语进行了比较[①]。

现代:	后现代:
现代性(modernity)	后现代性(postmodernity)
现代性(modernité)	后现代性(postmodernité)
现代化(modernization)	后现代化(postmodernization)
现代主义(modernism)	后现代主义(postmodernism)

费瑟斯通认为前缀"后"(post)是对"现代"的反向区分,是继"现代"而来,又是与"现代"的断裂。"后现代"一词"更多强调的是对现代的否定,是一种认知的扬弃,它肢解或消解了'现代'的一些确凿无疑的特征"[②]。

费瑟斯通首先比较了"现代性"与"后现代性",认为这组词包含有时代的含义。"现代性是与传统秩序相对比而言的,它指的是社会世界中进化式的经济与管理的理性化与分化过程"[③],人们常以反现代的目光来审视现代资本主义工业化国家的形成过程;后现代性则意味着一个时代的转变,"它意味着具有自己独特组织原则的新的社会整体的出现,意味着与现代的断裂"[④]。接着,费瑟斯通又对比了"现代化"与"后现代化",认为"现代化"可用来表示在传统社会结构与价值之基础上的经济发展的结果;"后现代化"这个词的长处在于"它指明的是正在实现的过程及其程度,而不是指一个完全的羽翼丰满的社会秩序和社会总体"[⑤],是随特定社会过程与制度变迁而来的细微轮廓。最

---

① 迈克·费瑟斯通:《消费文化与后现代主义》,刘精明译,译林出版社,2000年,第3页。
② 同上书,第4页。
③ 同上。
④ 同上。
⑤ 同上书,第9页。

后，费瑟斯通分析了"现代主义"与"后现代主义"这组处于文化中心的词语,认为"从最为严格的意义上讲,现代主义指的是,出现于世纪之交、并直到目前还主宰了多种艺术的艺术运动和艺术风格"①。在费瑟斯通看来,审美的自我意识与反思是现代主义的基本特征之一。从艺术来理解后现代主义时,就会发现现代主义的许多方面的特征都已浸入后现代主义的定义之中了。一些年轻的艺术家、作家和批评家用后现代主义这个词来表示对"枯竭的"、因在博物馆和学院中被制度化而遭人拒斥的高级现代主义的超越运动。在 20 世纪 70—80 年代,"用后现代主义理论来解释和判断艺术转向对范围更广的现代性的讨论"②。在艺术中,与后现代主义相关的关键特征是:

> 艺术与日常生活之间的界限被消解了,高雅文化与大众文化之间层次分明的差异消弭了;人们沉溺于折衷主义与符码混合之繁杂风格之中;赝品、东拼西凑的大杂烩、反讽、戏谑充斥于市,对文化表面的"无深度"感到欢欣鼓舞;艺术生产者的原创性特征衰微了;还有,仅存的一个假设:艺术不过是重复。③

费瑟斯通指出,现代主义明确地把高雅艺术和大众文化区分开来,高雅艺术是艺术家天才的创作,是不能被一般的人所理解的,在天才的国度,艺术家常常感到自己和大众极为疏远。现代主义艺术作品表达了艺术家个人的洞察力,以及他们个人的独一无二的对世界的看法。在后现代那里,距离感消失了,高雅文化和大众文化、艺术和日常生活的界限变得模糊了。

在鲍德里亚看来,在再生产性社会领域里,世界正在以一种仿真的方式进行建构,技术和信息弥合了现实与虚拟之间的差异。詹姆逊则把后现代看成一个更为明确的时间性概念,而不是一个时代的转变。

---

① 迈克·费瑟斯通:《消费文化与后现代主义》,刘精明译,第 10 页。
② 同上书,第 11 页。
③ 同上。

后现代性批判和抛弃的，不是一般意义上的现代性，而仅仅是现代，即作为概念大一统精神的现代精神。总体说来，现代性可表现为两种形态：一种是启蒙的现代性，另一种是文化的现代性或审美的现代性，正是两种现代性的对立冲突，让我们不得不关注在现代性进程中，人的个体审美意识需要重建。因此，有理由认为现代性没有终结，后现代性中的审美现代性，随着社会文化的进展而更加突出了。如果说在现代性的前一种形态中，审美现代性尚处于较为潜在的状态，在现代性的后一种形态中的审美现代性，已经逐渐从新的层面上遮蔽了审美现代性本身。

二、审美现代性与工具理性的抗衡

自启蒙运动以来的现代文明似乎并没有带来人们想象中的幸福感，相反，人们却越来越受到以工具理性为内在逻辑的现代文明的压迫。"审美并不局限于一块领地，而是成为一种潜在的普遍类型，这是现代性的动力使然，是其合法性的方方面面的差异化和自主化使然。"① 审美发展成为一种普遍的类型，起因于现代性事实上的发展。"现代性在理论上导致了一种认知的领域，在实践上建立了一种经济的领域。"② 针对崛起的现代性，针对马克斯·韦伯所说的现代性的"钢铁房屋"，人们一再地求诸审美的爆发力，审美就这样成为一种潜在的普遍类型，实现自主。自主化的审美，"就不再是模仿现实或达到理想的什么东西"③，"现实生产"的原则成为审美新的指南。"如果富有的工业社会能够完全做到它们想做的事，它们可能会将城市、工厂和自然环境整个儿改造成一种超级审美化的场景。"④ 西方工业革命所带来的生产力的巨大发展和机器的批量生产，代替了手工操作。那种体现制作者审美理想和制作技巧的具有个性化的产品，被标准化和功能化所

---

① 沃尔夫冈·韦尔施：《重构美学》，陆扬、张岩冰译，上海译文出版社，2006年，第42页。
② 同上。
③ 同上书，第43页。
④ 同上书，第91页。

代替，它粉碎了经典美学理念支配下的设计逻辑。

詹姆逊在《晚期资本主义的文化逻辑》中写道："在现代主义的巅峰时期，高等文化跟大众文化（或称商业文化）分别属于两个截然不同的美感经验范畴，今天，后现代主义把两者之间的界限彻底取消了。后现代主义为我们今天的文化带来一种全新的文本——其内容形式及经验范畴，皆与昔日的文化产品大相径庭。而这种创新的文本，居然是在那备受现代（主义）运动所极力抨击的'文化产业'（culture industry）的统辖下产生的（众所周知，一些大展旗帜捍卫'现代'精神的论者，从英国的利维斯到美国的'新批评'家以及阿多诺、法兰克福学派，无不义正辞严地斥责现代社会里的所谓'文化产业'，视之为20世纪西方文明的首号敌人）。"①"眼前的事实是，各种形式的后现代主义都无法避免受到这五花八门的'文化产业'所诱惑、所统摄。"②

阿多诺认为，真正的艺术之所以能称为艺术，正是在于它的自律性，在于它不能为诸如经济原则、市场原则等"他律"所掌控，也就是康德所说的"无目的的合目的性"。所谓工具理性，是通过精确计算的方法或手段最有效地达到目的的理性，是一种以工具崇拜和技术主义为核心的价值观。按照马克斯·韦伯的解释，量化是可计算性的条件，可计算性是整个工具理性存在的前提。在工具理性面前，人可以通过计算掌握一切，再也没有什么神秘莫测的力量在起作用，这就是所谓"世界的祛魅"。当文化工业的第一要务是毫不掩饰地追求精确而彻底地计算出来的效力时，可以说文化工业已经被工具理性的逻辑所支配，艺术世界已进入祛魅的状态，文化工业"祛"了艺术之"魅"。齐美尔有关艺术自律的思想与阿多诺关于现代文化的诊断有着内在的一致性。在齐美尔的诊断中，现代性规划高扬了外在的客观文化，使工具理性超越价值理性获得了统治性地位。工具理性的横行使现代个体由对价值的追求转向对手段的追求，而对手段的过分追求又使现代社会人与人之间的感情联系变得越来越薄弱，使现代个体之间变得越

---

① 詹明信：《晚期资本主义的文化逻辑》，张旭东编，陈清侨等译，生活·读书·新知三联书店，2013年，第347页。
② 同上。

来越难以沟通。在这种紧张中，现代个体就不得不远离日益发展壮大的客观文化以求自保，"每一天，在任何方面，物质文化的财富正日益增长，而个体思想只能通过进一步疏远此种文化，以缓慢得多的步伐才能丰富自身受教育的形式和内容"①。

社会学经典理论三大奠基人之一的马克斯·韦伯在理想类型理论的基础上，抽象出社会行动的四种理想类型：价值理性行动、目的理性行动、感情行动和传统行动。其中，前两者属于理性行为，后两者属于非理性行为。在具体分析社会生活的理性化的过程中，他将社会行动分为理性行动和非理性行动。理性行动包括目的合理性行动和价值合理性行动，非理性行动则包括传统行动和情感行动。由于他的研究重点是现代资本主义社会，所以他又把主要精力放在对目的合理性行动和价值合理性行动的分析上。他认为支配目的合理性行动的理性是工具理性，支配价值合理性行动的理性是价值理性，其中，工具理性"把对外界对象以及他人行为的期待作为达到目的的手段，并以最为有效的途径达到目的和取得成效"②。工具理性主要指选择有效的手段去达到既定目标，它是可以精确计算和预测的。如果我们把其中的"理性"理解为精打细算、系统性地采取行动，理性地追求利润、理性地组织自由劳动、理性地适应市场就是现代社会的特性。在一个工具理性愈演愈烈的时代里，只有批判理性才能成为一种制衡的力量。但若批判理性只是一种哲学上的宣言，它也就变成了一种空洞的说教或标语式的口号，这就需要它从审美理性中汲取营养，以不断获得一种感性形式。

在马尔库塞看来，个体理性（individual rationality）在反对迷信、非理性和统治的过程中取得了胜利，并由此确立了个体反对社会的批判姿态。批判理性（critical rationality）因此成为一种创造性原则，它既是个体解放之源，又是社会进步之本。然而，现代工业与技术理性（technological rationality）的发展却在暗中破坏了批判理性的基础，

---

① 西美尔：《货币哲学》，陈戎女等译，华夏出版社，2007 年，第 363—364 页。
② 贾春增：《外国社会学史（修订本）》，中国人民大学出版社，2000 年，第 110 页。

并让个体在技术-社会机器的统治面前俯首称臣。随着资本主义与技术的发展，发达的工业社会又不断滋生着调节于经济、社会机器，屈服于总体的统治与管理的需要，结果便是"顺从的结构"（mechanics of conformity）扩散于整个社会。个体逐渐被技术与工业社会的效率和力量所征服，也就逐渐丧失了批判理性的早期特征，比如自律、对社会持有异议、否定的力量等。正是由于个体与个性的衰落，才导致了马尔库塞所谓的"单向度社会"和"单向度的人"的出现。虽然马尔库塞并不是一味地否认技术，也在工艺层面论述了技术给人带来的自由和解放，但相较而言，他更重视的还是技术带来的负面效果。现代社会实际上就是靠技术维持、装备起来的一种体制，是技术把法西斯主义武装到了牙齿，从而导致了战争。建立在技术基础之上的技术理性，既维持了统治的合理性，又摧毁了个体的反抗欲望。可以说，技术理性的猖獗也就意味着批判理性的衰微，批判理性的衰微则意味着个体的消亡，个体的消亡又意味着大众之生。

由于在技术统治的世界里，人的身心已遭到了全面的异化，变成了单向度的人，所以，若要把人从这个物化的世界里解救出来，使人走出工具理性的桎梏，首要任务就是挽救人的爱欲、灵性、激情、想象等感性之维。在马尔库塞的构想中，审美解放成为人的历史使命，本能革命又成为审美解放的必由之路。把审美活动看作感性获得新生的途径，把感性解放看作人类解放的必由之路，这是贯穿于马尔库塞美学思想的中心线索。在马尔库塞看来，自由、爱欲、解放、审美等的需要是真实的需要，作为他律的虚假需要是由大众文化和大众传媒制造出来的。统治者的文化工业机器实际上是要推销其意识形态，并对消费者进行控制，但它在名义上又打着为大众着想的旗号，所以，文化工业向大众输出的是一种虚假意识。这种虚假意识以技术合理性的名义事先经过了处理，它在名义上混淆于真实的需要，当它被大众接受并成为一种生活方式时，这种虚假意识的输出就已经取得了满意的接受效果。按照这种生活方式做出来的设计与构想，就会成为大众的一种自觉行为，文化工业接下来所要做的，不过是不断强化这种意识，让大众在不断滋生的虚假需要的冲动下，获得一种真实的心理满足。长此以往，大众也就既失去了真实需要的动机，又失去了区别真实需要与虚假需要的能力。

三、从文化工业到文化产业

阿多诺最为核心的大众文化理论是对"文化工业"的批判。在与霍克海默合著的《启蒙的辩证法》一书中，他们使用"文化工业"（culture industry）一词来描述工业社会大众文化的生产过程和文化产品。阿多诺在《文化工业述要》中提到，在《启蒙的辩证法》写作草稿中，他与霍克海默使用的是"大众文化"（mass culture）一词，之后用"文化工业"取代了这个用语，"旨在从一开始就把那种让文化工业的倡导者们乐于接受的解释排除在外，也即，它相当于某种从大众当中自发产生的文化，乃是民众艺术（Volkskunst）的当代形式"[①]。阿多诺完全推翻了大众文化源于大众自身的创造这一说法。用"文化工业"这样一个具有说服力与形象化的词组来指代，将统治阶级一手制造的文化工业与民间自发形成的文化完全区别开来，使文化工业的缔造者所捏造的谎言无处遁形，也更具批判性与针对性。他认为，文化工业是标准化、模式化、采用现代大工业生产方式批量生产出来，并由大众购买和消费的文化产品。文化工业生产并消费文化商品，利用千篇一律的文化产品剥夺大众的思考能力，使其审美能力退化，并盲目地接受文化工业所强加的资本主义意识形态而失去了反抗意识，醉心于快感和享乐，受统治者奴役。

文化工业是阿多诺毕生批判的对象，但如果仅仅把他的批判理论局限于大众文化领域，则是对其理论的一种简化。实际上，阿多诺对文化工业的批判主要集中在两个方面：一是对文化工业在美学上的批判，认为在工业社会机械复制技术下生产的全是标准化、齐一性的文化商品，这种毫无艺术性可言的复制品会逐渐毁掉高雅艺术，毁掉人们的审美鉴赏能力；二是意识形态上的批判，认为文化工

[①] 西奥多·A. 阿多诺：《文化工业述要》，赵勇译，《贵州社会科学》2011年第6期。

业是资本主义统治阶级用来欺骗大众、在精神上控制大众的工具。文化工业使大众沉浸在由铺天盖地的广告、电影、电视节目营造出来的享乐、美好的虚假情境中，沉浸在物质所带来的快乐中，逐渐失去反抗意识和思考能力，成为被麻痹的群体。阿多诺对资本主义的文化工业的批判是单义性的，事实上，不同形式的文化生产不可能遵循一个逻辑。显然，阿多诺对前工业时期文化作品的迷恋导致他把新康德主义的美学观与艺术创作的意识形态相混淆。按本雅明的看法，现代社会正处于一个重大的历史转折时期，即由手工劳动社会向现代工业社会转变，这使得与先前生产模式相对应的以叙事艺术为主的古典艺术走向终结。这一重大转变具体表现在人的传播方式的变化上：在工业革命之前的社会中，人与人之间的主要传播方式是叙说，与之对应的就是以叙事性为主的古典艺术；在现代工业社会，人与人之间的传播方式则由叙说变成了信息，与之相对应的则是以机械复制为特点的文化和艺术，由此产生个体在新的复杂多样的文化形式中的体验和实践。

早期文化工业批判理论的形成有其当时的历史合理性，但是过分强调文化工业的"工业"属性，也致使轻视了其中的"文化"作用。就关注对象而言，文化工业批判理论力图破除的是工业社会的理性神话，它建立于当时德国和美国的社会历史背景中，的确有敏锐而深刻的洞察力，击中了大众文化的某些弊端。但不能忽视的是，批判理论的否定性思路也限制了观察的视野，对大众文化具有的积极性的一面视而不见。同属于法兰克福学派的本雅明则对大众文化抱有一种乐观的态度，并没有完全否定，他在感叹艺术"灵韵"消失的同时，也承认文化艺术品机械复制的历史必然性。在本雅明看来，文化艺术的工业化及机械复制的技术可以缩短大众与艺术之间的鉴赏距离，艺术不再如以往那样高高在上，艺术品摆脱了少部分人的垄断性鉴赏，这是具有积极意义的，是促进艺术民主的表现。可以说，在某种意义上，文化工业时代的大众文化是一种文化艺术的平等化与大众化进程，具有社会向平等发展的进步意义。大众文化是与社会的现代化进程同步发展起来的，它是历史的必然结果，并不是统治阶级单纯操控的结果。从历史维度看,西方社会进程也在发展与演变。从20世纪下半叶开始,西方已由工业社会进入后工业社会,生产方式从福特制流水线型生产向后福特制个性化定制生产转变,整个工业形态早已不同于70年前,文化的工业化形态并没有文化工业理论说的那么悲观。大众文化在商品化的趋势下越来越繁荣,迫切需要形成规模的产业化运作,才能满足人们逐渐增长的精神层面的文化需求,这也是顺应社会发展的趋势。

文化工业批判理论只能说在某一特定的历史时期,如20世纪30—50年代具有部分真理性。大众文化已走出之前的简单发展模式,向多样化、差异化形态演进。自20世纪50年代开始,电视媒介的出现改变了之前大众文化传播的方式,其他媒介(如广播电台、流行杂志等)也已走上了高度专门化的道路,逐渐显现出分众化和小众化的趋势。当然,主流媒介的大众文化并不能舍弃类型化的特征,但此时的类型化、标准化早已与文化工业理论中批判的对象大为不同了,文化工业批判理论中认为标准化将导致非个性化的判词已经动摇。20世纪60年代兴起的英国伯明翰学派对大众文化理论做了丰富和拓展,他们并不像法兰克福学派那样将大众视为顺从于意识形态统治的毫无反抗能力的奴隶,相比之下,他们对大众文化的态度较为积极。斯图亚特·霍尔曾说过,普通大众并不是生活在虚假意识中的文化傻瓜,大众也有着自己的意识和判断。事实上,大众文化的语义范围已并非如文化工业理论那样排除了大众自发产生的文化,大众文化内涵的扩展已经超出了文化工业理论的范围。自20世纪70年代起,学术理论从对文化工业的研究逐渐转向对文化产业的关注,文化产业自此成为具有经济含义的正式概念。在现代社会,文化已经不是统治阶级能够操控的了,文化产业是各类文化发展下去的基本形式,即使是高雅文化,也需要在产业化的运作下才能得到传播,如今大众文化多样而复杂的局面已经超出了阿多诺文化工业的理论体系。

第二节 文化产业对审美主体的重建

一、人的主体性

由于借助于科技进步和工业化生产,大众文化的标准化、齐一化扼杀了艺术创作的个性、自主性与创造性和欣赏的自主性与想象力。霍克海默和阿多诺认为,由于"现代大众文化"的制造者更多的是为了消费而进行生产,大众文化按照一定的标准和程序,大规模地生产各种复制品,如电影拷贝、唱片、照片、录音带等,从而使文化的生产和消费呈现出伪个性和非个性化倾向。霍克海默和阿多诺指出,在文化工业中,无论是在文化艺术的创作中,还是在文化艺术的欣赏中,普遍存在着虚假的个性,真正的创造性的自由个性不复存在了。他们指出,在"文化工业中,个性之所以成为虚幻的,不仅是由于文化工业生产方式的标准化,个人只有当自己与普遍的社会完全一致时,他才能容忍个性处于虚幻的这种处境"[①]。阿多诺夸大了技术理性的作用,忽视了个体的主观能动性,认为"个人已经不再是他们自己了,他们只是普遍化趋势汇集的焦点,只有这样,他们才有可能整个或者全部转化为普遍性"[②]。阿多诺来到美国之前生活在纳粹德国,深受纳粹宣传系统的文化高压政策之害,他的生活环境或多或少会影响他对世界的认知,导致他过分夸大大众传播媒介的力量,认为大众是完全丧失独立思考能力的木头人。

施韦泽在《文化哲学》中说:"我们正处于文化衰落的征兆之中。"[③] 他认为,现代化进程正一步一步地侵蚀着人类的文化能力,现

[①] 马克斯·霍克海默、特奥多·阿多尔诺:《启蒙辩证法(哲学片断)》,洪佩郁、蔺月峰译,重庆出版社,1990年,第145页。
[②] 马克斯·霍克海默、西奥多·阿道尔诺:《启蒙辩证法——哲学断片》,渠敬东、曹卫东译,上海人民出版社,2006年,第140页。
[③] 阿尔贝特·施韦泽:《文化哲学》,陈泽环译,上海人民出版社,2008年,第46页。

代社会中的文化发展同样也面临着困境。在施韦泽看来,文化能力就是指人作为文化的主体、文化的承担者所拥有的能力,即人理解文化、为文化而活动的能力,这种能力要求人同时既是思考者又是自由人。换言之,只有能自由思考的人才具有文化能力,二者缺一不可。之所以说现代化进程正在侵蚀人的文化能力,就在于以技术进步为核心的现代工业社会使得人(尤其是作为个体的人)逐渐地丧失了自由、丧失了思考和反思的能力。在技术理性主义的设定中,技术的意义在于突破人的存在的有限性,从而实现人类自身的完善,因此,对技术的要求也会随着人类欲望的增加与变化而永无止境。技术作为有限的工具在一定条件下能够实现人的自我提升,但是,技术无法实现使人进入至善至美的无限目标中,无法真正改变人之为人的本质的存在状态。物质决定论导致个体的人的符号化,劳动的专业化导致个体完整性的丧失,这些无不侵蚀着人类的文化能力。人与人之间的关系由原来以情为纽带,变成符号与符号之间的关系,他者对于个体的人而言,只是物质循环体系的一个符号而已。

在经济领域,个性化与效率仿佛是一对反义词,比如创意产品常常是效率上不经济的;大规模制造的商品常常是非个性化的而在效率上却是经济的。1998年诺贝尔经济学奖得主印度学者阿马蒂亚·森强调经济学所关注的应该是真实的人[①]。翻阅古典经济学的代表性著作,就会发现其结构大体都是按照生产、交换、分配这样几个主要环节排列的,极少有经济学家将关注点放在消费这一领域,即使有所涉及,篇幅也极少。古典经济学认为,人们购买商品更多地或者说是完全地关注商品的使用价值,消费仅仅是经济活动中的一个环节,是与"生产"相对应的概念。生产是第一位的,消费被视为第二位的。古典经济学建基于劳动价值论,认为"劳动是一切生产之父"[②],整个社会靠劳动所养育,而资本又推动了劳动。资本的最好用途是商业,但最终落脚点是生产,因此,古典经济学强调生产,把生产等同于创造财富,

---

① 参阿马蒂亚·森:《伦理学与经济学》,王宇、王文玉译,商务印书馆,2000年。
② 西斯蒙第:《政治经济学研究》,胡尧步、李直、李玉民译,商务印书馆,1989年,第44页。

财富积累的方式就是更多地生产、更少地耗费。然而，这种只关心物、不关心人的取向，是对人类利益的舍本逐末。经济增长的目的是为了增进人的福利，但只注重生产而不注重消费，并不是真正为了人类的幸福，"劳动的目的应该是享受，生活的目的应该是消费"[1]。正是对消费的大力强调，使西斯蒙第跳出了当时经济学家普遍关注经济增长的视域，将注意力转移到财富分配的消费领域。他主张经济活动要满足劳动民众的需求，放任自由的大规模生产扩张和一味地追求经济增长，表面的繁荣之下却在实质上损害着劳动者的利益。

古典经济学所处的时代背景使其注重经济系统的供给方面，由此对人性、人的需求水平产生了片面性的理解，导致对生产逻辑的过度强化。人类把自然看作被动的对象加以支配，形成一个以物质生产活动为中心的世界，出现了消费与劳动异化的自然。消费不再是目的，生产才是目的，消费只是再生产的手段。在西方经济学理论的发展过程中，边沁时代的主观价值论取得了相对的胜利之后，随工业化的推进被迫转入无差异化的、机械的客观转化过程，建立起以货币作为尺度来表征与衡量不同质个体的效用实现的价值通约体系，人们开始重新审视古典经济学的现实意义。新古典经济学改变了古典经济学对总量经济问题的侧重，而以人们如何最大化有限资源的使用效率为主要研究对象，定义了一个清晰统一的具有经济理性的行为个体，通过若干数学抽象，将个人的偏好描述为是充分形成的和具有稳定性的。新古典经济学最终实现了古典经济学未完成的对个体行为动机的抽象化。相对于新古典经济学所基于的同质"经济理性人"假定，行为经济学则认为对经济个体的抽象应建立在更为现实的心理基础之上，即认为经济个体在决策时的偏好并不是外在给定的，而是内生于决策过程之中，从而导致经济个体具有异质偏好，而其行为相应具有外在的异质性。可以看出，在经济学领域，随着经济学理论的变化与发展，人逐渐具有了独立的个体地位。

---

[1] 西斯蒙第：《政治经济学研究》，胡尧步、李直、李玉民译，第47页。

二、个体审美意识的重建

马尔库塞认为,在现代性进程中,当人对技术与机器、对物的迷信越发强烈时,对物的占有欲越发难以遏制时,人自身的主体性和内在价值就会被异化得越发严重。人被"物"所控制,从而丧失了自反性和批判性的主体意识,在"技术理性"的压抑下沦落为"单向度的人",人与人、人与自然的和谐关系被破坏,社会与生态出现危机。马尔库塞对人的"需要"的真假之辨,以及丹尼尔·贝尔对需求(need)和欲求(want)的追问,日渐引起人们的共鸣。消费之所以看似没有止境地创造出现代的"购买神话",并非现实世界中物的体系真的达到了极其庞大的地步,也不是人的真实需要过多过大,而是来自人心理上的一种欠缺以及精神现象学层面的一种现代性迷茫。这种欠缺和迷茫催使人通过进行消费活动以吸收和吞噬结构性过剩的物的世界,填补永远结构性匮乏而无法饱和的精神世界。

虚假的需求仿佛是凡有所得,便有所得,它被当成了真正的需求而被无止境地追求,结果造成个人在经济、政治和文化等方面为商品拜物教所支配,日趋成为畸形的单一维度的人。艺术欣赏的自主性瓦解了,这种瓦解使听众的心理退回到一种被动依附的幼稚状态,从而滋长了消费标准化产品的需求。总的来说,文化生产和文化产品的"齐一化"导致了人的异化。按照一个模子铸造出来的文化使人变成了同一模式的人。单调乏味的文化也使人变得单调乏味。

马克思认为:"人的本质不是单个人所固有的抽象物,在其现实性上,它是一切社会关系的总和。"[1] 这是对人性或人的本质的一个创造性的论断。在马克思之后,弗洛伊德也曾提出他的自我意识理论,认为"我"一分为三:遵循快乐原则的本我,代表了人的原始情欲和本能;遵循现实原则的自我,代表了人的常识理性;遵循社会性原则的超我,代表了人的良心和理想。人的困境源于这三个维度同时的拷问

---

[1]《马克思恩格斯选集》第一卷,人民出版社,1995年,第60页。

和纠缠,试图赋予我们的世界以美,可到头来得到的却只是漂亮和虚华,最终,至少是在具有审美敏感的人那里,引起的是冷漠和厌恶。

在消费社会的影像与符号的轰炸下,过去、现实与将来之间所有的连续感也统统被抹掉,个人的认同感也垮掉了。在大众文化消费中,大众所获得的是一种表层的快感和体验,是一种短暂而浅层的普遍生命体验和游戏经验,而无法获得一种深层的精神性的审美愉悦。面对消费社会中五光十色的各种符号,人沉浸于其中,体验并创造出一个理想化的自己,这是一项现代人才有的生活能力。在过去,这种自我陶醉的能力是贵族和富商才有的专利,但在高等教育普及、视觉影像随处可见的现代,是任何一个小康家庭成员都有的普遍能力。"审美氛围是消费者的首要所获,商品本身倒在其次。"①

当人们从物质的和社会的现实转向主体的现实,转向个体的存在形式与个体意识的重建时,今天的审美需要并不代表对美的单一标准的回归,而是增加了对自我表达的诉求。"新的审美时代一个显著的标志是不同风格的共存。"如果说现代主义的设计理念是保证效率、理性和真实,今天多样化的美学就提供了一种不同的叠加。"现代设计曾经是承载价值观的标志——意识形态的标志,现在它只是一种风格,是很多可能的个人审美表达形式中的一种。"② 更加个性化、更加灵活的"我的时代、我的方式"的理念,取代了"最好的方式"。不同的人有不同的审美追求,即使是同一个人,他所喜欢的外观和感觉也不会一成不变。现在是一个审美多元化的时代,各种风格并存以取悦选择了它们的个人。在审美认同上,"我喜欢,我就是想要那样的"要比一般意义上的"这个是好看的,这是吸引人的"更加具体、更加个性化。"新的审美时代最显著的标志,与产品设计或环境无关,而是与个人的风度、仪表有关——它是个人表达、社会期望和通用的审美标准的交汇点。"③

---

① 沃尔夫冈·韦尔施:《重构美学》,陆扬、张岩冰译,第6页。
② 弗吉尼亚·波斯特莱尔:《美学的经济 II:美国社会变迁的 32 个微型观察》,马林梅译,中信出版社,2013年,第10页。
③ 同上书,第25页。

第五章 文化产业与审美经济的理论渊源

韦尔施认为,多元化以及美学与非美学的辩证关系是构成现代审美意识的基本法则。从这一点出发,韦尔施大致勾勒出现代审美意识法则的概貌,包括:

(1) 特征意识。关注每一审美目标的特征是极为重要的,人们必须发现其线索,把握并遵循其逻辑。

(2) 偏好意识。一定不要宣称个别的范式是唯一可能或唯一可爱的东西,这将阻碍它的实际特征在现实中的具体显现,总体上会阻碍多元性。

(3) 警觉性。不能简单地认为,每一范式都是特殊的,因而其他范式只能合法地并且几乎总是必然地存身于它的旁边,人们同样应该意识到任何范式之不可避免的排他性,范式的对立面、变化应该被看作原理所在。

(4) 关注。美学关注排他状况,这告诫我们应该保持注意力集中,确切地说,关注那些我们感觉不到、想象不出任何东西的地方,或我们以为只能碰到毫无价值、不足挂齿的东西的地方。在许多方面,现代艺术恰恰转向那些社会上被贬值的东西。

(5) 认识的趋势。知觉总是引导着注意力,更进一步说,导向对不可见、不可听、前所未闻的事物的认可。从审美的角度看,前所未闻意味着:第一,至今还未被耳闻,但应该被听到的事物;第二,还没有被听,其需要的检验还没有展开;第三,超出常规并且处于惯常的秩序之外。前所未闻的这几重意义,与扬弃愉悦的反面相关。

(6) 公正的趋势。以上几点在公正性这一点上汇合。现代艺术很少把力气花在既定事实上面,而是不遗余力地关切视而不见、前所未闻的东西,并且要促使这些进入语言、表达和认识之中,那里内在地具有一种公正的推动力[①]。

一旦人们的审美意识和水平达到一定的程度,就不会想再降低它了,当然也完全没有必要降低。在激烈的市场竞争下,美学产品变得越来越价格低廉,获得这些产品越来越容易。审美意识会让人更自信、

[①] 参沃尔夫冈·韦尔施:《重构美学》,陆扬、张岩冰译,第83页。

更有主见。单一的审美主导标准是不存在的,人的个体差异和品位的多样化会让什么样的风格都有人喜欢。人们对审美的关注是持续增强的。

第三节 文化产业的审美价值基础

一、品位的选择

品位原来是工业社会之前宫廷文化的一个重要特征。在文艺复兴时期,品位是一种贵族性的文化能力,是指蔑视被主流大众普遍接受的观念和审美成规的能力。宫廷生活的本质是休闲,它鄙视卑贱商业中的总是紧张无暇的特点。上流社会的生活要求人们必须培养和雕琢自己的审美品位,凸显自己,并创造一种优雅的生活方式。贵族们力图利用品位来引人注目,以达到占据优越社会地位的目的。宫廷使品位形成独特的系统,一种以名望为动因的审美品位体系。它是世俗性的对立面,在本质上是一种反常;其本身是不断变化的,它的标准状态就是避免平庸。宫廷会致力于为好品位制定一些规则,它与个人品位之间往往会发生矛盾。个体既要顺从精英阶层都须遵守的共同规则,又要使自己的品位与众不同,这要求个体必须创新。品位既限制又增强个人相对于规则和传统的自主权。审美品位在起初还只是一种"欣赏能力",还只是作为一种诱惑的武器。在这个阶段,吸引别人注意的审美与判断能力还只为宫廷贵族所特有,其他阶层被排除在外。但到了17世纪,构建自己社会生涯的可能性属于所有人,而不再为贵族所独有。好品位激发了自我提升的意识和进步的思想。在此,审美欣赏能力不再仅仅是衡量宫廷贵族社会地位的工具,而逐渐成为享乐的源泉,它开始促进物质享受和消费商品的欲望,从而对销售关系产生影响。自18世纪以来,人们对品位这种个人审美"欣赏能力"的关注,逐渐与物质占有欲和享受欲相结合,也与致富的意志相结合。

"选择"本身就是一个能充分体现消费文化的词汇。伴随着整个社会的基调从生产优先向消费优先的转化,个人对社会的期望与想象也从不分彼此的 anybody 向各具个性的 somebody 转化。个体购买商品的行为被赋予了一种通过与商品的对话来实现自我的意义。随着近现代工业革命和消费社会的到来,品位开始渗透到社会生活的许多领域,日渐改变着人类的生活方式甚至价值观念。从社会心理的角度看,品位的本质就是用来满足个体自我表现和群体需要的一种方式,品位的表现方式既可以是物的使用,也可以是一种行为或观念。当一种新样式的服装、一种新奇的行为方式或观念出现,并开始在整个社会或某一社会群体中广为流传时,一种品位的选择便形成时尚。因此,从社会或群体的层面,可以将时尚定义为:社会或某一群体当下崇尚的一种生活方式。工业革命催生了大量生产、大量消费时代的到来,时尚不仅是一种社会现象,也成为一种经济现象,时尚成为一个重要的产业。时尚产业不断地为消费者创造高质量的生活方式,实现消费者的生活理想,因此,有人将时尚产业定义为创造生活文化的产业。追求时尚是现代消费社会的重要特征,时尚已渗透到消费者日常生活的各个方面,不断满足着消费者寻求改变和自我表现的心理需求。

时尚是时尚自身定义外形、象征和价值观等方面的体现。所有服饰和配饰都传达着一种外观、功能和一种虚幻的意义。无图片、无评论、无故事,则无时尚。时尚是社会现状的反映。时尚讲述了一个时代,也被这个时代所描述。因此,时尚依靠社会行为、社会进程和这一时代的象征标志来参与、浮现、供养自己,同时,时尚通过它孕育的商品,也将自身贡献给了这一时代。时尚本身就是确定身份地位的一个因素。穿着得体才能被同伴们所接纳,外表古怪不合群的人则会被社会所蔑视。时尚装扮对普通民众有象征性的意义,穿衣风格成了一种新的个人成就,特别是当别人还不够富裕、无法买到这样高品位的衣服时,而且,时尚还是建立社会声望的一个因素。自我展示已经成为社会各个阶层所重视的一项技能。

二、精神消费与体验

体验是审美经济的核心，大审美经济的标志是体验经济的出现。派恩和吉尔摩在《体验经济》一书中明确指出，继服务经济之后，体验经济逐渐成为下一个经济发展阶段的重心。所谓体验，就是"企业以服务为舞台，以商品为道具，以消费者为中心，创造能够使消费者参与、值得消费者回忆的活动"[①]。体验由四部分组成，即娱乐、教育、逃避现实和审美。体验贯穿于日常生活的各个层面，是构成审美化的幸福感和满足感的重要指标。这种幸福感和满足感，是生理快感、美感以及其他精神快感的复合体，包含着精神的、文化的内涵。

姜奇平在《后现代经济》中认为，杜威的著作《艺术即经验》应该被译为《作为体验的技艺》：

> "一个体验"中译本译成"一个经验"，完全不能令人认同。"experience"既可以译成经验，也可以译成体验。但在杜威那里是区分开的，如中译"事物被经验到，但却没有构成一个经验"，实际意思是"事物被经验到，但却没有构成一个体验"。体验是指"圆满"的、"完整"的经验，而经验是指初步的、"不完整"的感觉。杜威对经验主义持批判态度，认为体验是扬弃经验与理性的产物。这决定了在翻译中区分这两个词的一般规律是，凡是将"experience"置于心物二元之间中点的时候，译为体验（在这点上与梅洛-庞蒂的用法相通）；凡是置于心（认识论）这方面的时候，译为经验。[②]

杜威指出，我们在所经验到的物质走完其历程而达到完满时，就拥有了"一个体验"。一件作品的完成，一个问题得到了解决，或者是

[①] B. 约瑟夫·派恩、詹姆斯·H. 吉尔摩：《体验经济（更新版）》，毕崇毅译，机械工业出版社，2012年，第12页。
[②] 姜奇平：《后现代经济：网络时代的个性化和多元化》，中信出版社，2009年，第197页。

吃一餐饭、玩一盘棋，总之这一个体验是一个整体，而不是一个中断，人们都希望得到一个"圆满"的体验。就比如听说书人用"且听下回分解"打住表演时，让体验留了一个"缺口"，听众们就会觉得意犹未尽，这就是由"一个体验"原理产生的成瘾作用。因此，生产消费除了具有经济行为的意义之外，也被赋予了社会行为和审美行为的意义。在产品相对丰富的条件下，人们的基本物质需要得到了满足，对产品的审美需要就成了消费行为的内驱力，人们希望得到情感上的满足，诸如情绪和兴趣等方面。

"实际上，体验是在一个人的心理、生理、智力和精神水平处于高度刺激状态时形成的，结果必然导致任何人都不会产生和他人相同的体验。每一种体验都源自被营造事件和体验者前期的精神、存在状态间的互动。"[①] 在审美经济中，消费行为不仅仅是消费本身，更是在消费中获得美或情感的体验。比如旅游产业、网络游戏产业等行业的兴起，并不是让人们从中获得某种物质以满足生存上的需要，而单纯是为了精神上的享受与体验。以闻名遐迩的迪士尼娱乐公司为例，其竞争力便是唤起了人们梦想消费的欲望，是典型的体验式销售。迪士尼的产业支柱就是将影视中的动漫人物或场景搬到现实世界中，让参与者尽情享受实现梦想所带来的体验。

三、审美价值与幸福感

在绝大多数的人类历史中，幸福是对个人最高的和最令人珍视的奖赏，只分配给少数人，然而这一切从18世纪开始改变了，"幸福不再是美德或善行的奖励，不再是努力工作和牺牲的结果，即不再是虔诚生活和自我牺牲的加冕。相反，它变成了一种与生俱来的权利，每个人都有权要求它"[②]。对幸福和更多幸福的期待，使个体把获得幸福作为必然的人生追求目标，同时，消费社会不断暗示享乐型生活方式可

[①] B. 约瑟夫·派恩、詹姆斯·H. 吉尔摩：《体验经济（更新版）》，毕崇毅译，第13页。
[②] 齐格蒙特·鲍曼：《被围困的社会》，郇建立译，江苏人民出版社，2005年，第125页。

以让消费者获得更多的幸福感。"现代人满足的源泉和社会理想行为的标准不再是工作劳动本身，而是他们的'生活方式'。"① 幸福与物质相联系的结果是使消费者对获得享乐型生活方式的欲望不断增强。"在追求幸福的进程中，至于什么是值得和不值得关注的，什么是幸福生活所必需的或多余的，所有这些都是一个判断问题。因此，人们有权怀疑，之所以值得拥有一些使生活幸福的物品，不是因为它们是产生幸福所必需的内在潜能，而是因为通过精神操练、意识形态灌输、宣传或广告活动，它们已经变成了欲望的对象。"②

在消费社会中，通过追求享乐型生活方式来追求幸福，势必使金钱财富的多少成为衡量幸福高低的标准，最终得到的只会是焦虑，一种对幸福可望而不可即的焦虑。享乐型生活方式是建立在欲望得到充分满足的基础之上的，这是一种虚假的幸福。只有通过个体审美意识的重建，才能实现对真正幸福的追求，而不是以享乐替代幸福。享乐不是人生的终极目的，享乐的过程实际上只是一种消费性的活动。所谓消费性，指的是享乐过程随欲望的满足而消失的特性。享乐的获得往往表现为对某种有形物的实际占有，通常和商品的交换行为紧密结合。幸福具有自在性的特点，从根本上来说，幸福是人生的终极目的；与此形成鲜明对比的是，享乐仅仅存在于获得幸福过程中的一定阶段。虽然幸福以一定的物质条件为基础，但它却是超越了物质依赖的自由自在状态。不管在人类历史的哪个阶段，不论在哪种社会形态下，作为社会个体的每个人在实现物质占有（获得享乐）的基础上，必然会进而追求人生的真正目的——幸福。

---

① 丹尼尔·贝尔：《资本主义文化矛盾》，赵一凡等译，生活·读书·新知三联书店，1989年，第34页。
② 齐格蒙特·鲍曼：《被围困的社会》，郇建立译，第108页。

第六章

审美经济时代中国文化产业的发展契机

当今时代，文化产业发展迅猛，作为一种新兴的产业形态，其发展潜力巨大，具有超越性和创新性。对于物质载体的较小依赖性以及对于创意的强烈需求，使其具有了其他传统产业所不具备的优势，已经成为许多国家经济发展的支柱性产业。在文化产业的发展过程中，如何处理好既充分满足最大范围民众的文化需求，又能保持文化产业经济发展势头二者之间的关系，始终是一个充满内在张力的课题。中国在发展文化产业的过程中，除了要看到其巨大的经济价值，也要注意其背后的文化观念的影响力。

第一节 全球化背景下中国文化产业的审美选择

将文化产业的发展置于全球化背景下来讨论，是因为经济全球化趋势不可逆转且对现实社会产生了重大影响，这一影响也作用于各国文化的交往与走向上。文化产业的特征以及当今世界的发展形势，决定了我国文化产业的发展必然要参与到经济全球化的浪潮中。在全球文化交往中，建立文化自信，提升文化软实力，能让文化产业在创新中"走出去"，参与到国际市场的竞争中去。同时，文化资源是一个国家或地区自然积淀和社会积淀长期共同作用的产物，对文化产业发展而言，在全球化的国际竞争中，对文化资源的合理开发是审美选择的根本所在。

一、基于文化自信的文化产业创新

所谓文化自信，是指对国家和民族文化保持一种乐观和自信的积极态度，对自身文化价值的充分肯定以及对自身文化生命力的坚定信念。文化自信既指向过去，又指向未来。自信的时间维度既指向过去和当下，也指向未来。当指向过去和当下时，自信是肯定和确信自己的言行是正确的、有价值的、成功的，从而充满自豪；当指向未来时，自信是肯定和确信自己行将发生的言行是正确的、有价值的、成功的，从而充满信心，坚定既定的目标、战略、思路、方法等。文化自信也不仅仅是对民族文化的一种自豪感，需要立足于现实，并不是文化自大和自傲。要以博大精深的中华文化为傲，但只有底蕴深厚、内涵丰富的文化积淀也是不够的，文化资源不能直接转化为文化产品和文化服务。文化自信的建立，需要国家的文化、经济、政治、社会各个方面的协调发展，文化产业无疑是这几大要素一个很好的结合点。文化自信心的塑造与发展文化产业之间有着密切的相互联系，文化自信能够助推文化产业的发展，文化产业的发展可以促进文化自信心态的增强，既要用文化自信引领文化产业，也要用文化产业支撑文化自信。文化自信需要文化产业成为国民经济的支柱性产业，文化产业的发展程度关系到一个国家的经济结构调整和产业升级换代，文化产业对国民经济的贡献程度成了文化自信的重要支撑。同时，文化自信需要发达的文化产业为人民生活提供越来越丰富的文化商品。吃饱穿暖曾经长期是人民幸福生活的标志。改革开放带来的物质生活水平的提高，改变了这种初级水平的幸福观。到了审美经济时代，人民的物质生活需求基本得到满足，文化消费水平对于衡量幸福与否的权重会越来越高，幸福不再只是吃饱穿暖。只有当人们不再满足于公共文化服务，而把越来越多的收入用于文化商品消费的时候，幸福才是具有越来越高的含金量的幸福。也就是说，文化产业对人民幸福的贡献率成了文化自信的重要支撑。

经济全球化对中国文化产业与文化自信的建立既带来挑战，也带来机遇。在文化产业的发展中，其产业竞争力与文化自信的建立呈现出正向关联。目前，在国内文化产品中，核心价值内涵方面存在欠缺，即文化产品并没有在反映社会现实、传承文化意蕴、传递价值理念、塑造人文精神方面吸引国人，也没能很好地促使国人对文化产品中的内在价值产生认同与归属，这成为我国文化产业发展中无法回避的短板。为此，要进一步推动我国文化产业的发展，提升文化产品的国际竞争力，必须建立高度的文化自信，提升文化产品的价值内涵。首先，要突破原有的文化产业发展理念，以高度的文化自信引领文化产业发展,提升文化竞争力,在比较中汲取世界文明的发展成果,逐渐探索传承优秀传统文化、复兴民族本土文化的发展路向。其次,要有效地对接文化创新和科技创新。文化自信并不是盲目的文化自大和文化自傲,不能一味地固守过去的传统文化而停滞不前,不是将传统文化资源直接、机械、简单地转化为文化产品和文化服务。现代文化产品要实现最新的科技创新和文化创新的有效结合,在文化自信中融合文化资源的价值和内涵。对于文化产业中的科技与文化创新,一方面,要积极利用先进科技,创新方法手段,拓展文化产业发展的渠道和平台,在推广宣传中增强中华文化的吸引力,应该以强烈的文化自信,充分发挥创新能力,将高新技术以及创意等新的元素注入文化资源;另一方面,要进一步加大文化创造、文化创新和文化创意的力度,鼓励众创、众筹,以创新创意为动力,开发文化创意产品,打造文化创意品牌,实现文化产品的内涵深化和价值提升。最后,要充分挖掘民族特色文化资源,用审美的目光来发现中华文化中美的元素。文化自信要求我们对中华民族固有的特色文化资源充满信心,坚定相信"越是民族的,就越是世界的",在发展文化产业的过程中,对具有民族特色的文化资源进行深入挖掘。在当前大力发展文化产业的良好氛围里,更需要我们主动利用文化自信与发展文化产业的关系,将这种积极的文化自信的态度转化为强大的助推力,以充分挖掘文化产业发展的巨大潜力。基于文化自信建立的文化产业制度创新,促使中国文化产业发展进入文化自觉、自信与文化产业自觉、自信的新阶段,不但会成为经济发展新的增长点,也会实现中国文化的繁荣。

二、文化软实力与文化产业"走出去"

"软实力"(soft power)这一概念是由美国哈佛大学教授约瑟夫·奈在20世纪80年代末首先提出来的。1999年,在《软实力的挑战》一文中,约瑟夫·奈对软实力作出较为完整、系统的定义。2004年,约瑟夫·奈的著作《软实力》对软实力下了更为简明的定义,他认为软实力是一种依靠吸引力,而非通过威逼或利诱的手段来达到目标的能力。这种吸引力源于一个国家的文化、政治价值理念和政策①。这一概念得到学界广泛的认同,软实力逐渐成为依靠政治制度的吸引力、文化价值的感召力、外交的说服力以及领导人与国民形象的亲和力等释放出来的无形影响力,成为一国综合国力的重要组成部分。文化作为软实力的重要组成部分越来越受到各国的关注。值得注意的是,约瑟夫·奈提出软实力这一概念,主要是着眼于美国世界霸权战略的考虑。依照约瑟夫·奈的观点,一个国家的综合国力既包括由经济、科技、军事实力等表现出来的硬实力,也包括以文化和价值观念、社会制度、发展模式、生活方式、意识形态等的吸引力所体现出来的软实力。其中,硬实力是在国家实力中有形的物质要素,一般是可以量化和测量的;软实力是在国家实力中无形的精神要素,是能够影响他国意愿的无形的精神力,是无法量化和测量的。我国的软实力理论研究及上升到战略高度比起西方国家特别是美国相对较晚,国外的软实力理论并不完全适用于中国,在中国学界,该理论已经朝着中国化的方向发展。文化软实力基本上被中国学者定位为一种客观存在的力量、实力和实在,而不仅仅是权力或非物质的看不见、摸不着的东西。在软实力力量的构成中,"主要来自三种资源:文化(在能对他国产生吸引力的地方起作用),政治价值观(当它在海外都能真正实践这些价值时),外交政策(当政策被视为具有合法性及道德威信时)"②。文化软实力是软实力的一个重要方面,是在"文化力"概念和"软实力"或"软权力"概念的基础上发展起来的概念,是文化与软实力的有效结合。所谓文化软实力,就是以文化为基础的国家软实力,是国家软实力最重要的组成部分,是综合国力的重要内容。经济全球化的迅速发展增进了各国之间的文化交流,当今国际社会的主要趋势是交流与合作,但是国家竞争也不可避免,文化软实力逐渐成为国家进行外交的政策及筹码。我国的文化软实力观的基本理念是:在竞争中实现共赢,在获得中作出贡献,在互相认同中共创和谐世界。

---

① 参约瑟夫·奈:《软实力》,马娟娟译,中信出版社,2013年。
② 约瑟夫·奈:《软力量:世界政坛成功之道》,吴晓辉、钱程译,东方出版社,2005年,第11页。

国家文化软实力在全球化背景下的推行，往往是借助国家文化产业的发展。文化产业是文化软实力的重要表现形式之一，其自身竞争力的提升将增强文化软实力的竞争力。从全球范围来看，一个基本的趋势是，文化产业发达的国家，其文化软实力的扩张和渗透力都较强；文化产业发展得较为成熟的国家，其文化软实力都有着较大的优势。近年来，各国越来越重视文化产业的发展，赋予文化产业发展以国家利益、传播价值观和经济效益等多重功能，并借此纷纷提升和扩张自身文化软实力在国际上的影响。欧美国家、日本、韩国都通过政府计划大力推动文化产业的发展，文化产业在国民经济中所占的比重越来越大，特别是长期以文化产业作为支柱产业的美国在文化领域具有全球领先地位。无论是韩国的"文化产业振兴"计划，还是日本的动漫行业，都成功地凭借文化产业的发展推动其文化软实力的提升，从而有效地树立了其国家形象和价值观的推广。经济发达国家都重视把文化产业作为增强文化软实力的最重要途径，在我国以市场化手段提倡主要文化产品和文化服务的社会主义市场经济下，发展文化产业也是提高文化软实力的基本途径。

要提升我国文化软实力并将其展现给世界，可以将我国优秀的文化与优质的文化产品相结合，良好的产品形象是得到国际社会认可的前提条件，通过文化产业的输出和传播让中国价值、中国文化走向世界。文化产业的对外输出应当是全方位的，在对传统文化做到融会贯通的同时，应着力寻找新的创意点。我国上下五千年的文明蕴含丰富的物质成就和思想底蕴，只有通过科技创新将这些融入文化产业的发展中，我国的文化产业才具备在国际竞争中占优势的可能。在牢牢控制国内市场份额后，利用文化亲和力，辐射东南亚、韩国、日本等亚洲国家与地区，成为区域性市场的有力竞争者。文化产业的发展要有拓展全球的视野，在文化产品对外输出的同时向世界展示中国是一个和谐大国、负责任大国的形象。尽管各国文化存在较大的差异，特别是我国文化和西方文化在意识形态和文化内容上的差异较大，但是这并不妨碍我国文化产业在国际上的交流与合作，在和谐世界、和平发展等理念引导下也是可以达到共赢的。

第二节　中国经济新常态中的文化产业

新常态是未来较长一段时期我国经济增长的一个新平台。"进入新常态的中国经济，面临一系列新的突出矛盾和问题。表象上的速度问题，根子上看是结构问题。"[①] 在经济新常态的社会转轨时期，当一种新的经济力量开始超越旧有社会的经济模式时，所引发的变动也不仅仅限于经济结构和经济制度的变化，而是包括文化、精神状态在内的社会全方位的变化。新常态下，经济增长由高速转向中高速，经济结构深刻调整，发展动力发生根本性转换，我国经济发展将步入转型升级的新阶段，产业发展的动力机制将发生重大变化。文化产业是兼有文化属性和经济属性的产业形态，具有高文化附加值、低碳环保、融合性强等诸多特点和优势，与新常态下产业的发展要求高度契合。文化产业促进消费结构升级，提升经济发展质量，将成为新常态下经济发展的重要推动力。在新常态下，既要看到文化产业作为国民经济新增长点的发展机遇和重要作用，也要看到文化消费结构需求变化带来的新挑战。

在我国经济进入新常态、面临一系列新的突出矛盾和主要问题的环境下，文化产业的发展不可避免地面临着结构性问题，"供需错配"成为文化产业发展中最突出的问题之一。随着我国人均收入和精神生活水平的提高，文化需求层次不断提高且日益多样化，文化产业消费类型开始从以中低端文化产品和服务为主的基本文化消费转向逐渐注重产品和服务的品质与体验价值的发展型消费，以及更加注重个性化与精品化的享受型消费转变，但文化产品和服务的供给显然并未适应消费需求的转化，总体上仍处于较低水平，供过于剩和供给不足同时存在的非均衡现象十分突出。以文化消费潜力难以激发和无效文化产品供给严重两大难题为主攻方向，新常态下推进文化产业供给侧结构

[①] 国家行政学院经济学教研部：《中国供给侧结构性改革》，人民出版社，2016年，第12页。

性改革，核心是把当前的中低端供给升级为高端供给，提升整个产业的发展质量。当前，我国文化产品和服务供给面临诸多问题，最为突出的是文化产品供需失调，其根源在于供给侧存在重大的问题，这体现为供给未能随需求的变化而变革自身。当前实施的去产能、去库存、去杠杆、降成本、补短板，正是我国经济发展在面对现实国情基础上作出的战略选择。以新发展理念为指导，以供给侧结构性改革为主线的政策体系是我国适应经济发展新常态的经济政策框架。

经济问题的主要原因已经不在需求侧，而是要以供给侧结构性改革来突破当前经济困境。"供给侧改革的关键是推进供给的结构性调整，即通过创新供给结构引导需求的结构调整与升级。"① "供给侧结构性改革"是一个新词汇，但供给侧改革的相关理论与经济学历史一样源远流长，绝非始于供给学派，只不过供给学派提出了较鲜明的供给管理政策而已。"供给"是自亚当·斯密的《国民财富的性质和原因的研究》开始便一直为经济学家们所关注的问题。斯密全面系统地抨击了重商主义的需求管理政策，强调劳动和资本等"供给侧"因素在经济发展中的作用，强调提高劳动生产率的作用，强调市场这只"看不见的手"的关键作用，强调政府只能发挥"守夜人"的作用。法国经济学家萨伊提出了著名的"萨伊定律"，认为供给会创造它自己的需求，将供给管理思想发挥到极致。古典经济学致力于研究财富的增加，而财富增加的背后是生产力的迅速发展，生产力的提升则属于"供给"范畴。需求管理是西方经济学的主流学派，也是西方政府宏观管理中的通行做法。其理论渊源来自20世纪30年代的凯恩斯革命，主要观点是政府无为而治会导致市场失灵，从而为政府干预经济活动提供理论支撑。从经济学角度看，需求侧的"三驾马车"是从运行结果出发的，便于宏观调控进行短期的逆周期调节，是应对宏观经济波动的需求侧动力，但不是发展的原动力。供给侧由运行源头入手，力图从制度变革、结构优化和要素升级等根本的、可持续的动力出发，更加突出长

---

① 国家行政学院经济学教研部：《中国供给侧结构性改革》，第12页。

远的转型升级①。文化消费具有供给创造需求的特点。对于文化企业来说，这就需要通过提升文化产品质量，满足消费者的心理期待和审美需求。随着技术的发展，消费者的文化消费需求也由普及化、标准化向个性化、具体化方向发展。一种真正能在市场竞争中占优势地位的产品必定是能以个性化的方式满足众多不同需求品位的消费者的高质量产品。

文化产业供给侧结构性改革立足于将大众作为创意阶层，将文化企业和企业家作为主角，在确保文化产品和服务坚持社会主义核心价值体系，实现"双效统一"的前提下，以创造优质的文化生态和全要素创新，破除当前制约我国文化产业发展的"供给约束"与"供给抑制"，可以更好地扩大文化产业的有效供给。以供给侧结构性改革为突破，从文化产品和服务生产、供给端入手，调整文化产业供给结构，实现文化产业合理化和高度化发展，为真正扩大内需、打造文化经济发展新动力提供有效路径。

第三节 文化产业提升国民幸福指数

一、国民幸福指数

现代的消费社会曾一度催生了人们对经济无限增长的愿望，认为经济的增长能够成为经济发展甚至能成为整个社会发展的核心，撇开文化与制度等层面，单一的经济增长就能自动带来社会财富的增加，实现人类文明与福祉。然而，一旦经济走上单纯扩张的道路，手段就会反转成为目的，"运转"成了目标本身。美国经济学家赫尔曼·达利曾严厉指责这种不顾后果的经济增长方式："经济增长既是灵丹妙药，又是至高至善，这就是增长癖。"② 传统的经济增长以 GDP（Gross

---

① 国家行政学院经济学教研部：《中国供给侧结构性改革》，第 12—13 页。
② 大卫·雷·格里芬：《后现代精神》，王成兵译，中央编译出版社，2005 年，第 165 页。

Domestic Product，国内生产总值）与 GNP（Gross National Product，国民生产总值）来衡量物质产品的产量，并以其提高程度作为衡量社会发展的唯一指标，而不考虑社会中的文化、环境、资源等方面的变化。在以经济增长为绝对标准的时期，不惜以牺牲自然环境和资源为代价来发展经济，便是经济增长癖的典型症状。鲍德里亚说："增长既没有使我们远离丰盛，也没有使我们接近它。"[①] "有钱不一定快乐"对应的宏观结论则是，GDP 的增长并不自然而然地意味着幸福水平的同等程度提高，只谋温饱不谋幸福，人们会"放下碗筷就骂娘"。

自 20 世纪 60 年代开始，幸福指数逐渐受到西方发达国家政府的关注，这种关注也影响到了不丹。位于喜马拉雅山脉东端的小国不丹，是世界上唯一用国民幸福总值（Gross National Happiness，GNH）代替国内生产总值（GNP）来衡量国家发展成效的。不丹第四代国王旺楚克提出，人生基本的问题是如何在物质生活和精神生活之间保持一种平衡，一个国家的社会发展目标也不仅仅是提高 GDP 或 GNP，而应该是提高国民幸福总值。

人类的经济活动是一个人与自然界其他要素之间互动的复杂过程，一方面，人类不断地从自然界中汲取各种资源加以利用，制成产品；另一方面，又不断地将各种废弃物排放到自然环境中。当使用自然资源的消耗量以及排入环境中的污染物超过自然界的承载力时，资源以及环境便会失去再生和自净的能力，人类经济发展的目标就会化为泡影，甚至人类的生存都成问题。如果不改变传统的经济增长与发展模式，不从系统性的、多维的角度思考经济与社会的整体问题，就会在不远的将来触碰到"增长的极限"。为避免这种最坏的情况出现，人类社会需要打破单纯追求经济不断增长的迷梦，满足后代人可持续发展的需要，追求一种更具建设性和稳定性的经济形态。农业经济形态中的幸福观是生存幸福观，温饱就是幸福，因此，把农业社会建成和谐社会的首要条件是解决人民的温饱问题。工业经济形态中的幸福观是发展幸福观，有钱就是幸福，因此，把工业社会建成和谐社会的主要

[①] 让·鲍德里亚：《消费社会》，刘成富、全志钢译，南京大学出版社，2008 年，第 33 页。

条件是解决人民的富裕问题。到了审美经济时代，幸福观是构建审美主体自我实现的幸福观，自由而全面地发展就是幸福。在工业化社会中，有钱自然就会快乐，单纯的 GDP 发展就自然会使人民幸福。但在审美经济条件下，人更多地从物质需求向文化需求发展，富裕只是幸福的必要条件，而非充分条件。

卡尼曼等经济学家所作的一系列实证研究证明"有钱不一定快乐"，GDP 的增长并不必然意味着幸福水平同等程度地得到提高。国民生产总值 GNP 是效用最大化的体现，而国民幸福总值 GNH 是幸福最大化的体现。针对工业化时期效用与快乐的本末倒置，GDP 或 GNP 的意义在于生产为本，GNH 的意义在于以人为本。鉴于 GDP 不能反映经济可持续发展，不能反映居民收入增长状况，更不能反映人民生活的幸福程度，2002 年诺贝尔经济学奖获得者、行为经济学家卡尼曼提出"回到边沁"的主张，把反映快乐和痛苦的效用称为体验效用（experienced utility），并把这种效用作为新经济学的价值基础。GNH 的核心在于提高人们快乐的程度，该指标还具有现代化战略意义与国家竞争优势战略意义，对我国特别是我国的信息文化产业具有积极的影响。卡尼曼等人主张在把握政策导向的前提下，通过市场机制的作用，把个人快乐与社会幸福内在联系起来，并把经济活动从追求中间效果、性能、价格、服务进一步界定为追求最终效果满意、快乐。这一理论的出现，一方面是对传统经济学价值追求目的的最大一次修正，另一方面对我国当前坚持以人为本、树立科学发展观、全面建成小康社会的宏伟蓝图，切实避免西方国家在工业化过程中所走的"有钱不快乐"的弯路的必要性给予了有力证明。华人经济学家黄有光提出"快乐鸿沟"理论（或称"幸福鸿沟"），把我们对于第三次浪潮的关注，从以技术为本转向了以人为本。黄有光关注到收入边际效用递减规律，即收入与快乐的关系，与一个国家的发展阶段有关。相较而言，在温饱阶段，有钱可能带来的快乐更多；在小康阶段，有钱带来的快乐在边际上越来越小。因此，经济越发达，就越要重视能够有效增进人们快乐和幸福的价值，越要注重精神财富与物质财富的协调发展。当然，黄有光也没有忽视一点，比如，在东亚仍有很大一部分地区，那里的多数人还生活在贫困线上下,经济发展仍然是让人们欢欣鼓舞的,这些地区还是需要纯粹发展经济,中国的西部地区也是如此。

卡尼曼负责美国国民幸福指数的研究和制定,对国民幸福总值的计算,卡尼曼提出一种微观测度方法——日重现法(Day Reconstruction Method,DRM),这种方法也可以推广到宏观层面上。卡尼曼与其合作者 2004 年在《科学》杂志上发表《描述日常生活体验的调查方法——日重现法》[1]一文,提出测度幸福值的方法。日重现法就是根据一定的问题框架,引导被测试者回忆、重现一天来有关快乐与幸福的状态,并对这种状态进行评估的一种测评方法。被测试者利用专门为减少回忆偏差而设计的程序,系统地重现他们一天来的活动和体验。卡尼曼指出,通过当下体验效用的时间整合来定义幸福,要求对人们日常生活体验的持续时间和品质进行细节上的测度。参与 DRM 的被测试者首先通过一段有顺序的情节构成的日记,唤醒他们对前一日的记忆。然后,通过体验取样法,回答关于情况或感觉的 DRM 问题,描述每一个片段,供测试者采集信息。日重现法的关键在于采取了语境论的科学方法,要求联系情况的上下文来确定节点的意义,以减少回忆的错误和偏差。关于日常生活中的时间分配的数据信息,是许多国家的国家统计中的一部分,但是除少数国家外,在有关时间-预算的研究中没有纳入对人们来自活动满意程度的测量。换句话说,对日常生活的时间分配数据可以用理性方法来测度,而人对日常活动的满意度或者说幸福感具有体验上的高感性特征,卡尼曼的研究是将二者结合起来。在这种统计方法的背后,是一种融合心理学、社会学于经济学之中的社会科学方法。

卡尼曼、黄有光、奚恺元等行为经济学家的研究一致表明,当经济和社会发展到一定程度时,物质和货币财富的增长与快乐和幸福之间的关系渐行渐远。人们的快乐和幸福更多地表现为对事物的体验,而不是事物本身;更多地是对产品和服务的体验,而不是产品和服务

---

[1] Daniel Kahneman, Alan B. Krueger, "A survey method for characterizing daily life experience: the day reconstruction method", *Science*, 2004, Vol. 306, No. 5702.

本身。日重现法可以区分服务和体验的不同，透过产品和服务的物质表象，分析体验，以了解那些对人心真正起作用的因素。因此，日重现法或它的改进方法可以对社会幸福核算系统的研究作贡献，成为对社会政策的制定来说很重要的统计工具。

二、文化产业的以人为本

在审美经济时代，个体审美意识的重新建立需要文化产业重视以人为本的核心理念。同时，以人为本也是我国科学发展观的核心。"以人为本"指的是人们处理和解决一个问题时的态度、方式、方法，即指人们抱着以人为根本的态度、方式、方法来处理问题。所谓根本，就是最后的根据或最高的出发点与最后的落脚点。文化产业要以满足人的审美追求为目标，负有提升国民幸福感的使命。关注和提升民众的幸福，是文化产业发展不可推卸的责任和使命。文化产业的发展，有助于促进经济增长从单纯追求以物为本的 GDP 向以人为本的 GNH 转变，不仅能够满足人民群众日益增长的精神文化生活的需要，提高我国的文化软实力，推动社会主义文化的大发展大繁荣，而且对于全面贯彻落实科学发展观，促进社会经济增长方式转型具有重要的意义。

在理念上，文化产业发展要率先实现从"GDP 崇拜"到"GNH 关怀"的转向。经济社会发展由"GDP 崇拜"到"GNH 关怀"的转向已成为世界不可逆转的趋势。中国正大步向幸福国家迈进，作为未来的国民经济支柱性产业，文化产业发展无疑要顺应这种时代的要求。世界经济发展与提升幸福进程出现融合趋势，越能带给人们幸福的文化产业，越有可能在未来占据经济发展的制高点，越有可能在世界的激烈竞争中占据优势。中国文化产业发展要走出国门，走向世界，"幸福"的信仰和经营理念无疑是最好的通行证，因为追求幸福是没有国界的。在实践上，文化产业发展中应处理好不同层次的关系，以提升民众的幸福水平。在微观层面，文化产业内部应培育幸福文化、创建幸福企业。文化产业要把社会效益放在首位，弘扬"文以载道""以文化人"的精神，将文化积淀与文化资源不断转化为富有吸引力和感染力的文化精品，促进人的自我完善，推动人的全面发展；在中观层面，文化产业应与文化民生协调发展。文化民生事关人民群众的精神信仰、思想状况、文化权益和生活品质，保障人民基本文化权益是解决文化民生问题的重点，文化民生建设可以促进民众追求幸福生活的自觉性，提高创造幸福的能力，增强对文化产品优劣的辨别力，它是文化产业发展的根本动力，也是文化产业面朝幸福方向发展的重要条件；在宏观层面，文化产业的发展应增强中国特色社会主义文化的吸引力和感召力，并通过文化投资扩张、文化消费拉动以及文化品牌创建，推动经济结构调整、产业转型升级、城市转型发展，增进文化和经济、政治、社会发展的良性互动，全面改善人民生活条件，促进幸福。

文化产业发展对文化建设和人民幸福的重要作用，奠定了文化产业在整个经济社会发展中的重要地位。关注人民幸福是文化产业发展的责任，也是时代发展的必然要求。"以知识、发展型文化为转型目标，奠定以人为本的价值取向，坚持将'契约'精神渗透于社会经济运行的各个层面。尊重人的个体发展，尊重人才，创新人才工作机制"[①]，以人的全面自由发展为目标，实现国民的真正幸福，这是文化产业在审美经济时代的使命。

---

① 国家行政学院经济学教研部：《中国供给侧结构性改革》，第95页。

结论

随着生活水平的日益提高和现代科学技术的迅猛发展，人类逐步进入物质丰裕社会，人类基本的物质需求逐渐得到满足，对精神文化的需求占据人类全部生产与消费的比例越来越大，非物质性的审美文化消费日益成为一种趋势。现实生活中，经济与审美融合的趋势越来越明显，越来越多的产业渗入了审美的因素，越来越多的审美活动渗入了经济的因素，全球逐步进入审美经济时代，呈现出新的经济形态。大审美经济形态也被认为是人类社会经济发展继农业经济形态、工业经济形态之后的第三大经济形态。和传统经济相比较，审美经济更加凸显了经济活动中的审美因素，审美因素在产品中的附加值占比越来越高，在文化产品中这种现象更为明显，文化产业以此为契机而得到高速发展。可以说，审美经济的出现，促进了文化产业的迅猛发展，文化产业是审美经济时代的产物。

"审美"与"经济"表面上似乎属于两个毫不相干的领域，一个构筑着美学的感性认识，一个捍卫着财富的最大利益。审美经济理论恰能建构起沟通"审美"与"经济"两大领域之间的桥梁，就如同文化产业之于"文化"与"产业"。究其渊源，西方审美经济理论具有较长的历史，它是与西方18世纪末的现代化进程同步发展起来的，从美学与经济学两条路径它可以分别上溯到康德与亚当·斯密，审美现代性与经济现代性以及二者之间的融合关系是其主要的理论基础，其理论具体表现为以审美感性批判消费社会中的工具理性，以及经济学重新对"理性经济人"的价值审查。审美经济的价值基础是人对快乐和幸福体验的追求，指向的是人的自由而全面的发展。诺贝尔经济学奖得主丹尼尔·卡尼曼主张回到快乐源头来研究经济，他的研究被认为是审美经济的内在动因，是西方经济学两百年来最大的一次价值转向，是经济向人性化的回归。

在现代工业化进程中，理性价值与情感这种感性价值之间曾经存在实质性的冲突，工业社会为了达到理性上的最大利益，而忽视感性上的个人快乐与幸福，导致人在现代生活中虽然物质得到极大丰富与满足，但是生活节奏变快和压力变大导致心理问题频出。奈斯比特在其著作《大趋势——改变我们生活的10个新方向》中预测21世纪是高科技与高情感相平衡的时代,未来学家阿尔文·托夫勒也曾说一个高科技的社会必然是一个高情感的社会。社会越是向高科技发展,越要从更高层面上满足人们心理、情感及精神上的需求。高科技与高情感要协调与平衡,人们开始追求对更高层次的精神需求的满足。审美经济时代强化了对体验效用的追求,是人类需求层次上的一种递进与升级。

在审美经济视野下,我们所处时代的消费逻辑和时代深处的文化逻辑相互作用的结果,是审美特质与经济属性融合的一种新的发展,它拓展了文化产业的边界,开启了审美经济新时代。这种新的发展也在现代性的背景下强化个体的审美主体意识,让人们自由地选取契合自身需要的审美消费内容,从而增强了消费时代文化产业的审美价值意义,对我国传统的文化经济和文化创意产业具有强烈的针对性和现实意义,它也意味着中国优秀的文化艺术资源通过审美经济的方式进入了文化创意的渠道,以此获得了经济发展的长久动力。在审美经济氛围越来越浓郁的现实背景之下,人们对于自己的生活方式和生活环境有了一种自觉的、审美的追求,这不仅是潜在的经济增长的助推力,也为文化产业的发展提供了广阔的前景。在审美经济时代,文化产业是一门科学性与人文性统一的学科,作为主体的人是理性"经济人"与感性"道德人"的统一。在此基础上,无论从美学角度还是经济学角度,目的是回归人对快乐和幸福的追求,实现全面自由的发展,成为真、善、美的人。

在这个审美经济时代,发展文化产业既是经济形势之所趋,也是人自身的利益之所在。当追求幸福效益的最大化成为新经济学的基本目标时,文化产业理论更应突破传统产业理论的局限,更多地研究文化产业的特殊性,即它在审美经济时代的本质特征。在文化产业中提倡审美经济,让更多的美学元素融入文化产业的经济活动中,让经济活动成为富有美感的事,使人成为快乐的人,实现幸福的目的。随着我国国民经济生活的改善和审美素质的提高,审美在社会生产与生活中的比重日益增加,国民的审美意识非常明显地影响着消费趋势以及市场的供求关系和商品价格。因此,在文化产业领域内强化审美经济的时代意识,将有利于文化产业在经济全球化背景下增加国际竞争力,有利于文化产业在我国经济新常态的形态下带动经济结构的转型与升级。审美经济的理念将使文化产业更注重以人为本的核心本质,起到提升国民幸福感的作用。

参考文献

外文专著：

[1] David Hesmondhalgh, *The Cultural Industries*, SAGE Publications Ltd. , 2007.

[2] David Throsby, *Economics and Culture*, Cambridge University Press, 2001.

[3] Michael Hutter, David Throsby, *Beyond Price: Value in Culture, Economics, and the Arts*, Cambridge University Press, 2011.

[4] Andrew Beck, *Cultural Work: Understanding the Cultural Industries*, Routledge, 2002.

[5] Joanne Entwistle, *The Aesthetic Economy of Fashion: Markets and Value in Clothing and Modelling*, Berg Publishers, 2009.

[6] Jan Mieszkowski, *Labors of Imagination: Aesthetics and Political Economy From Kant to Althusser*, Fordham University Press, 2006.

[7] Scott Lash, John Urry, *Economies of Signs and Space*, SAGE Publications Ltd. , 1993.

[8] James Heilbrun, Charles M. Gray, *The Economics of Art and Culture*, Cambridge University Press, 2001.

[9] Arjo Klamer, *The Value of Culture: On the Relationship Between Economics and Arts*, Amsterdam University Press, 1996.

[10] Paul Jeffcutt, Andy C. Pratt, *Creativity and Innovation and the Cultural Economy*, Routledge, 2009.

[11] Paul Du Gay, Michael Pryke, *Cultural Economy: Cultural Analysis and Commercial Life*, SAGE Publications Ltd. , 2002.

[12] Mike Featherstone, *Undoing Culture: Globalization, Postmodernism and Identity*, SAGE Publications Ltd. , 1995.

[13] Mike Featherstone, *Consumer Culture and Postmodernism*, SAGE Publications Ltd. , 2007.

[14] Lawrence Lessig, *Free Culture: The Nature and Future of Creativity*, Penguin Books, 2005.

[15] John Howkins, *The Creative Economy: How People Make Money From Ideas*, Penguin Global, 2004.

[16] Wolfgang Fritz Haug, *Critique of Commodity Aesthetics: Appearance, Sexuality and Advertising in Capitalist Society*, University of Minnesota Press, 1986.

[17] Wolfgang Welsch, Andrew Inkpin, *Undoing Aesthetics*, SAGE Publications Ltd. , 1997.

[18] Roger Rosenblatt, *Consuming Desires: Consumption, Culture, and the*

Pursuit of Happiness, Island Press, 2006.
[19] Regenia Gagnier, *The Insatiability of Human Wants: Economics and Aesthetics in Market Society*, The University of Chicago Press, 2000.
[20] Alvin Toffler, *Future Shock*, Turtleback Books, 1999.
[21] B. Joseph Pine II, James H. Gilmore, *The Experience Economy*, Harvard Business Review Press, 2011.
[22] A. J. Scott, *The Cultural Economy of Cities*, SAGE Publications Ltd., 2000.
[23] N. Garnham, *Capitalism and Communication: Global Culture and the Economics of Information*, SAGE Publications Ltd., 1990.

外文文章:
[1] Gernot Böhme, "Contribution to the critique of the aesthetic economy", *Thesis Eleven*, Vol. 73, 2003.
[2] Gernot Böhme, "Technical gadgetry: technological development in the aesthetic economy", *Thesis Eleven*, Vol. 86, 2006.
[3] David Roberts, "Illusion only is sacred: from the culture industry to the aesthetic economy", *Thesis Eleven*, Vol. 73, 2003.
[4] David Roberts, "From the cultural contradictions of capitalism to the creative economy: reflections on the new spirit of art and capitalism", *Thesis Eleven*, Vol. 110, 2012.
[5] Keith Negus, "Identities and industries: the cultural formation of aesthetic economies", *Cultural Economy*, 2002.
[6] Joanne Entwistle, "The aesthetic economy: the production of value in the field of fashion modilling", *Journal of Consumer Culture*, Vol. 2, 2002.
[7] K. Heid & R. John, "Transfer: Kunst Wirtschaft Wissenschaft", *Baden-Baden*, 2003.
[8] A. J. Scott, "Capitalism, cities, and the production of symbolic forms", *Transactions of the Institute of British Geographers*, 2001, 26 (1).
[9] A. C. Pratt, "The cultural industries production system: a case study of employment change in britain, 1984 - 91", *Environment and Planning A*, 1997, 29 (11).
[10] A. C. Pratt, "Cultural industries and public policy", *International Journal of Cultural Policy*, 2005, 11 (1).
[11] Thomas B. Lawrence, N. Phillips, "Understanding cultural industries", *Journal of Management Inquiry*, 2002, 11 (4).

中文专著：

[1] 《马克思恩格斯选集》第一卷，人民出版社，1995 年。

[2] 马克思：《1844 年经济学-哲学手稿》，中共中央马克思恩格斯列宁斯大林著作编译局编译，人民出版社，2009 年。

[3] 瓦尔特·本雅明：《机械复制时代的艺术：在文化工业时代哀悼"灵光"消逝》，李伟、郭东编译，重庆出版社，2006 年。

[4] 马克斯·霍克海默、西奥多·阿道尔诺：《启蒙辩证法——哲学断片》，渠敬东、曹卫东译，上海人民出版社，2006 年。

[5] 刘方喜：《审美生产主义：消费时代马克思美学的经济哲学重构》，社会科学文献出版社，2013 年。

[6] 大卫·赫斯蒙德夫：《文化产业》，张菲娜译，中国人民大学出版社，2007 年。

[7] 李思屈、李涛编著：《文化产业概论》，浙江大学出版社，2014 年。

[8] 顾江编著：《文化产业经济学》，南京大学出版社，2007 年。

[9] 乐后圣：《21 世纪黄金产业——文化产业经济浪潮》，中国社会出版社，2000 年。

[10] 林日葵：《艺术经济学与文化产业新论》，中央文献出版社，2011 年。

[11] 凌继尧、张晓刚：《经济审美化研究》，学林出版社，2010 年。

[12] 奥利维娜·阿苏里：《审美资本主义：品位的工业化》，黄琰译，华东师范大学出版社，2013 年。

[13] 李艳：《美与物：论艺术产业中的审美与经济》，北京大学出版社，2012 年。

[14] 詹姆斯·海尔布伦、查尔斯·M. 格雷：《艺术文化经济学》，詹正茂等译，中国人民大学出版社，2007 年。

[15] 范正美：《经济美学》，中国城市出版社，2004 年。

[16] 戴维·思罗斯比：《文化经济学》，张维伦译，台北典藏艺术家庭股份有限公司，2003 年。

[17] 戴维·思罗斯比：《经济学与文化》，王志标、张峥嵘译，中国人民大学出版社，2011 年。

[18] 詹伟雄：《美学的经济：台湾社会变迁的 60 个微型观察》，中信出版社，2012 年。

[19] 弗吉尼亚·波斯特莱尔：《美学的经济 II：美国社会变迁的 32 个微型观察》，马林梅译，中信出版社，2013 年。

[20] 康德：《判断力批判》，邓晓芒译，人民出版社，2002 年。

[21] 邓晓芒：《冥河的摆渡者——康德的〈判断力批判〉》，武汉大学出版社，2007 年。

[22] 丹尼尔·贝尔：《资本主义文化矛盾》，赵一凡等译，生活·读书·新知三联书店，1989 年。

[23] 阿尔文·托夫勒：《未来的冲击》，蔡伸章译，中信出版社，2006 年。

参考文献

[24] 西莉亚·卢瑞：《消费文化》，张萍译，南京大学出版社，2003年。
[25] 沃尔夫冈·弗里茨·豪格：《商品美学批判：关注高科技资本主义社会的商品美学》，董璐译，北京大学出版社，2013年。
[26] 居伊·德波：《景观社会》，王昭风译，南京大学出版社，2007年。
[27] 斯科特·拉什、约翰·厄里：《符号经济与空间经济》，王之光、商正译，商务印书馆，2006年。
[28] 让·鲍德里亚：《消费社会》，刘成富、全志钢译，南京大学出版社，2008年。
[29] 鲍德里亚：《生产之镜》，仰海峰译，中央编译出版社，2005年。
[30] 比尔·麦吉本等：《消费的欲望》，朱琳译，中国社会科学出版社，2007年。
[31] 王宁、戴慧思、尼古拉·埃尔潘等：《消费社会学的探索：中、法、美学者的实证研究》，人民出版社，2010年。
[32] 杨魁、董雅丽：《消费文化理论研究：基于全球化的视野和历史的维度》，人民出版社，2013年。
[33] 王敏：《文化视阈中的消费经济史》，中国社会科学出版社，2012年。
[34] 迈克·费瑟斯通：《消费文化与后现代主义》，刘精明译，译林出版社，2000年。
[35] 迈克·费瑟斯通：《消解文化：全球化、后现代主义与认同》，杨渝东译，北京大学出版社，2009年。
[36] 杰姆逊：《后现代主义与文化理论》，唐小兵译，北京大学出版社，1997年。
[37] B. 约瑟夫·派恩、詹姆斯·H. 吉尔摩：《体验经济（更新版）》，毕崇毅译，机械工业出版社，2012年。
[38] 杜威：《艺术即经验》，高建平译，商务印书馆，2005年。
[39] 沃尔夫冈·韦尔施：《重构美学》，陆扬、张岩冰译，上海译文出版社，2006年。
[40] 赫伯特·马尔库塞：《审美之维》，李小兵译，广西师范大学出版社，2001年。
[41] 赫伯特·马尔库塞：《爱欲与文明》，黄勇、薛民译，上海译文出版社，2008年。
[42] 雷蒙·威廉斯：《关键词——文化与社会的词汇》，刘建基译，生活·读书·新知三联书店，2005年。
[43] 阿格妮丝·赫勒：《日常生活》，衣俊卿译，重庆出版社，1990年。
[44] 高宇民：《从影像到拟像：图像时代视觉审美范式研究》，人民出版社，2008年。
[45] 亚当·斯密：《国民财富的性质和原因的研究》，胡长明译，人民日报出版社，2009年。

［46］西美尔：《货币哲学》，陈戎女等译，华夏出版社，2007年。
［47］阿多诺：《美学理论》，王柯平译，四川人民出版社，1998年。
［48］单世联：《现代性与文化工业》，广东人民出版社，2001年。
［49］孙安民：《文化产业理论与实践》，北京出版社，2005年。
［50］维尔纳·桑巴特：《奢侈与资本主义》，王燕平、侯小河、刘北成译，上海人民出版社，2000年。
［51］西斯蒙第：《政治经济学研究》，胡尧步、李直、李玉民译，商务印书馆，1989年。
［52］大卫·雷·格里芬：《后现代精神》，王成兵译，中央编译出版社，2005年。
［53］边沁：《道德与立法原理导论》，时殷弘译，商务印书馆，2000年。
［54］约翰·斯图亚特·穆勒：《功利主义》，叶建新译，九州出版社，2006年。
［55］阿弗里德·马歇尔：《经济学原理》，廉运杰译，华夏出版社，2004年。
［56］斯坦利·杰文斯：《政治经济学理论》，郭大力译，商务印书馆，1984年。
［57］约翰·菲斯克：《解读大众文化》，杨全强译，南京大学出版社，2001年。
［58］奥尔特加·加塞特：《大众的反叛》，刘训练、佟德志译，吉林人民出版社，2011年。
［59］埃德加·莫兰：《时代精神》，陈一壮译，北京大学出版社，2011年。
［60］国家行政学院经济学教研部：《中国供给侧结构性改革》，人民出版社，2016年。
［61］阿尔文·托夫勒：《第三次浪潮》，黄明坚译，中信出版社，2006年。
［62］陆扬、王毅编选：《大众文化研究》，上海三联书店，2001年。
［63］约翰·多克尔：《后现代与大众文化》，王敬慧、王瑶译，北京大学出版社，2011年。
［64］古斯塔夫·勒庞：《乌合之众：大众心理研究》，冯克利译，广西师范大学出版社，2011年。
［65］陈立旭：《重估大众的文化创造力：费斯克大众文化理论研究》，重庆出版社，2009年。
［66］陆扬：《日常生活审美化批判》，复旦大学出版社，2012年。
［67］艾秀梅：《日常生活审美化研究》，南京师范大学出版社，2010年。
［68］舒也：《美的批判：以价值为基础的美学研究》，上海人民出版社，2007年。
［69］特里·伊格尔顿：《美学意识形态》，王杰、付德根、麦永雄译，中央编译出版社，2013年。
［70］尼古拉·埃尔潘：《消费社会学》，孙沛东译，社会科学文献出版社，2005年。
［71］阿玛蒂亚·森、伯纳德·威廉姆斯主编：《超越功利主义》，梁捷等译，复旦大学出版社，2011年。

［72］ 管德华、孔小红：《西方价值理论的演进》，中国经济出版社，2013年。
［73］ 鲍德里亚：《符号政治经济学批判》，夏莹译，南京大学出版社，2015年。
［74］ 皮埃尔·布尔迪厄：《区分：判断力的社会批判》，刘晖译，商务印书馆，2015年。
［75］ 高岭：《商品与拜物：审美文化语境中商品拜物教批判》，北京大学出版社，2010年。
［76］ 景玉琴：《经济学视域中的理性》，人民出版社，2014年。
［77］ 安德鲁·埃德加、彼得·赛奇维克：《文化理论：关键概念》，张喜华、祝晶译，河南大学出版社，2016年。
［78］ 李西建：《消费时代审美问题研究》，商务印书馆，2013年。
［79］ 林拓等主编：《世界文化产业发展前沿报告（2003—2004）》，社会科学文献出版社，2004年。
［80］ 阿瑟·丹托：《艺术的终结之后：当代艺术与历史的界限》，王春辰译，江苏人民出版社，2007年。
［81］ 赫伯特·马尔库塞：《单向度的人——发达工业社会意识形态研究》，刘继译，上海译文出版社，2014年。
［82］ 罗素：《西方哲学史》（下卷），马元德译，商务印书馆，1976年。
［83］ 马克思：《政治经济学批判》，人民出版社，1976年。
［84］ 冯·哈耶克：《个人主义与经济秩序》，贾湛等译，北京经济学院出版社，1989年。
［85］ 马克·布劳格：《经济学方法论》，黎明星、陈一民、季勇译，北京大学出版社，1990年。
［86］ 赫伯特·西蒙：《现代决策理论的基石》，杨砾、徐立译，北京经济学院出版社，1989年。

中文文章：
［1］ 张培英：《经济与审美的互动及人的全面发展》，《光明日报》2004年4月6日。
［2］ 凌继尧：《大审美经济形态中的艺术设计教育》，《装饰》2006年第8期。
［3］ 凌继尧、季欣：《审美经济学的研究对象和研究方法》，《东南大学学报（哲学社会科学版）》2008年第3期。
［4］ 凌继尧：《解读"大审美经济"》，《中国教育报》2009年12月23日。
［5］ 张宇：《经济学和美学在新世纪的崇高使命——由现代哲学史上一个富有活力的哲学命题谈起》，《哲学研究》2000年第6期。
［6］ 张宇、张坤：《大审美经济催育人类文明新生》，《郑州大学学报（哲学社会科学版）》2005年第6期。
［7］ 李思屈：《审美经济与文化创意产业的本质特征》，《西南民族大学学报（人文社科版）》2007年第8期。

［8］ 李思屈、关萍萍:《论数字娱乐产业的审美经济特征》,《杭州师范学院学报（社会科学版）》2007年第5期。
［9］ 刘亚力:《文化创意产业是大审美经济》,《北京商报》2008年1月7日。
［10］ 王旭晓:《现代消费审美化与美学在经济领域的作为》,《河北学刊》2010年第3期。
［11］ 李勇军、黄柏青:《审美经济时代创意文化产业融合及其价值来源》,《广东行政学院学报》2015年第6期。
［12］ 范周:《大审美经济时代的文化产业突破》,《中国艺术报》2011年7月11日。
［13］ 范周:《文化产业场域中的审美经济突破》,《中华美学学会第七届全国美学大会会议论文集》,2009年10月。
［14］ 王彤玲:《审美经济时代文化创意产业链的延伸与发展》,《光明日报》2014年12月17日。
［15］ 杨一博:《论中国审美经济的理论建构》,《美与时代》2015年第7期。
［16］ 何刚晴:《审美经济驱动力及美育的时代转变》,《读与写》2014年第11期。
［17］ 胡泳:《卡尼曼的幸福观》,《英才》2015年第3期。

后记

文化产业理论研究具有多学科、综合、交叉、渗透的性质，采用跨学科、多视角的研究方法，可以拓展文化产业研究的领域。但与此同时，对论题研究的系统化而言，其他学科（如经济学学科）基础的薄弱将影响本书学术研究专业性的纵深化推进。中国的文化产业已经有了一定的实力和发展成果，但要进一步做大做强，成为有国际影响的支柱性产业，还需要从更深层次找到发展出路：在坚持文化理念先行的同时，把握鲜明的审美时代诉求，不断完善自身美学属性的建构和文化价值观；在立足审美经济特性的同时，找到产业化发展的新方向，只有这样，才能够让文化产业立足于一定的理论根基而不随波逐流，健康有序地发展下去。本书希望成为文化产业理论的工具箱，后来的研究者从中获得灵感或理论来源，也将是本书的意义所在。

本书是在笔者博士学位论文的基础上修改完成的。回望来路，时间如白驹过隙，读博的时光平静而充实，也有着焦虑与紧张。本书的完成，是自己几年来为之奋斗而最终达成的结果，同时，也离不开诸位老师与同学的支持与鼓励。

感谢我的导师黄昌勇教授。2013年有幸入黄老师门下，开启了我博士阶段的研究道路以及未来的学术生涯。黄老师有着敏锐的学术洞察力，不断开拓着新的学术领域，黄老师的悉心指导与谆谆教诲，引领我学术的成长与进步。感谢老师对我博士论文和学术各方面的指导和帮助，感谢老师对我论文选题和学术能力的信任以及对本书出版的支持。

感谢同济大学人文学院的各位老师对我专业知识的传授，带我领略哲学的魅力。感谢我的同学们，我们曾一起奋斗，见证了彼此为学业所付出的努力。

感谢我的父母与家人，为我承担了各种生活的琐事，让我安心学业，求学之路离不开你们的理解和支持。

回首读博的时光，在得到知识的同时，也收获着人生的成长与记忆。读过的书，遇见的人，经历的事，都沉淀成为我人生中的财富。在师长前辈与同窗挚友面前，深感自己还有很长的路要走，"高山仰止，景行行止"，读博是历练也是成长。学业是理想，是追求，但不是人生的全部，知行合一，在生活中追求人生的意义，这也是本书力图阐释的观点之一。

  最后，感谢同济大学，感谢上海这座城市。于此，我度过了最后一个作为学生的阶段，留住珍贵的回忆，人生继续前行。

周晓健

2022 年 8 月

图书在版编目(CIP)数据

审美经济时代的文化产业理论研究/周晓健著.—上海：复旦大学出版社，2023.1
ISBN 978-7-309-16342-1

Ⅰ.①审… Ⅱ.①周… Ⅲ.①文化产业-理论研究 Ⅳ.①G114

中国版本图书馆 CIP 数据核字(2022)第 139888 号

审美经济时代的文化产业理论研究
周晓健 著
责任编辑/陈 军

复旦大学出版社有限公司出版发行
上海市国权路 579 号 邮编：200433
网址：fupnet@ fudanpress.com http://www.fudanpress.com
门市零售：86-21-65102580 团体订购：86-21-65104505
出版部电话：86-21-65642845
上海崇明裕安印刷厂

开本 787×960 1/16 印张 10.5 字数 151 千
2023 年 1 月第 1 版
2023 年 1 月第 1 版第 1 次印刷

ISBN 978-7-309-16342-1/G·2393
定价：48.00 元

如有印装质量问题,请向复旦大学出版社有限公司出版部调换。
版权所有 侵权必究